지구에는
포스트휴먼이
산다

지구에는

몸문화연구소 지음

포스트휴먼이

산다

P 필로소픽

목차

들어가는 말: 우리는 어떻게 포스트휴먼이 되었나?

지금, 인간은
사라지고 있는 중이다

오늘날 지구에서 인간은 소멸 중이다. 만물의 척도이자 지구의 지배자로 군림해오던 그 인간, 즉 '휴먼 Human'이라고 불리던 존재가 사라지고 있다.

전쟁, 지구 온난화 같은 환경 재앙으로 멸종하게 될 거라는 종말론을 말하는 것이 아니다. 인간, 즉 휴먼의 시대가 가고 포스트휴먼의 시대가 도래하고 있다는 사실을 말하는 것이다. 현재 지구에 살고 있는 호모 사피엔스들은 이미 포스트휴먼이라고 해도 결코 지나친 말이 아니다.

단적인 예로 유기체와 기술의 혼종적 결합체인 사이보그만 해도 그렇다. 오늘날 우리는 사실상 전통적인 휴먼이 아닌 사이보그이며 이러한 사이보그화는 점점 더 심화될 것이다.

첨단 기술은 마치 조각가가 진흙을 주물러 온갖 형상을 만들어내듯 인간의 신체에 깊숙이 개입하고 있다. 신체가 기술적 조작과 변형 대상이 되고 있는 것이다. 성형, 성전환 수술은 물론이고 심장이나 신장 같은 장기이식 수술도 매우 흔해졌고, 유전공학을 이용한 장기재생이나 3D프린터를 이용한 인공장기도 개발 중이다. 또 유전자 진단 기술이 상용화되고 있는 가운데, 크리스퍼 유전자 가위 기술은 장기적으로 수정란 단계에서 유전병 유발 유전자를 잘라내고 교정할 수 있는 신기술로 각광받고 있다. 나노봇을 이용한 지능 향상 기술의 개발이나 신경 임플란트 기술, 인간의 불로장생을 가능하게 하는 생명공학 연구들도 마찬가지다.

테슬라 자동차의 CEO 앨런 머스크는 머리에 칩을 심어 뇌와 컴퓨터를 연결하는 기술을 개발하는 회사를 설립했고, 이에 뒤질세라 페이스북의 저커버그는 칩을 심지 않고도 마음만으로 사람이나 기계와 소통할 수 있는 기술을 개발한다고 발표하기도 했다.

더욱이 최근엔 더 충격적인 소식도 전해졌다. 페이스북의 인공지능 연구소에서 인공지능에게 협상 방법을 훈련시키는 과정에서 인공지능이 인간이 전혀 이해하지 못하는 새로운 언어를 스스로 개발하여 인공지능끼리 협상을 벌이는 일이 일어난 것이다. 이는 인간과 인공지능의 관계에 매우 심각하고 복잡한 문제들을 제기한다. 새로운 언어를 개발하는 것처럼 인간 설계자의 설계에 없는 새로운 시도나 방법을 인공지능이 스스로 만들어내기 시작할 때, 과연 인간은 그런 상황을 통제할 수 있을지, 또 이런 예측불가능한 상황을 어떻게 미리 제어할 수 있는지 등 어려운 문제를 제기하는 것이다.

이런 사례들은 앞으로 인간과 인공지능 간의 관계 문제나 특히 로봇 윤리에 관련된 문제가 더 이상 미룰 수 없는 과제로 제기되고 있음을 보여주는 것이다. 무엇보다 분명한 사실은 지능을 가진 인공지능의 대두는 지금까지 세상을 떠받치던 인간중심적 세계관과 정체성에 심각한 균열을 내고 있는 현실에 우리가 직면하고 있다는 점이다.

이미 도래한 포스트휴먼 시대 : 인간은 무엇이 되어야 하는가?

이처럼 첨단 기술이 불러오는 급격한 변화와 인간과 기술의 깊은 결합은 인간과 사회, 기계와 동물 등 다른 존재들과의 관계를 새롭게 설정해야 하는 과제를 제기하고 있다. 이런 상황에 대한 응답이 바로 인간 이후의 인간 시대를 준비하고자 하는 포스트휴머니즘이다.

그런데 도대체 누가 포스트휴먼이고, 무엇이 포스트휴머니즘인가? 휴먼과 포스트휴먼은 어떻게 다른가? 21세기가 포스트휴먼의 시대라는 것은 무슨 뜻인가? 이 질문들에 답하기는 쉽지 않다. 포스트휴먼 개념에 대한 해석과 입장이 여러 갈래인 탓에 이해를 어렵게 하는 측면도 있다.

포스트휴머니즘Posthumanism은 단어 앞에 붙은 '포스트Post'라는 영어 단어의 뜻이 말하듯이 '탈' 휴머니즘이자 휴머니즘 '이후' 혹은 '너머'의 새로운 휴머니즘을 가리킨다.

이것은 인간을 보는 새로운 해석 관점이자, 동시에 오늘날 첨단 과학기술이 가져온 전대미문의 현상을 지적으로 반영한다. 무엇보다 앞으로 인간은 무엇이 되어야 하는가, 혹은 무엇이 되고 싶은가에 대한 인간의 오랜 고민과 갈망을 포괄하고 있기도 하다.

특히 기술과 관련하여 더 결정적인 문제가 있다. 오늘날 만일 인류가 원한다면 인간이라는 생물학적 기계를 만드는 유전적 설계도 자체를 재설계할 수도 있다. 다시 말하면, 인류는 기술이라는 인공적인 힘을 빌려 다른 종으로 진화할 수 있는 힘을 갖게 된 것이다!

이런 상황은 지금까지 인류가 한 번도 직면해보지 않았던 사상 초유의 상황으로, 다음과 같이 인류에게 자신의 오래되고 또 근본적인 질문과 새롭게 직면하게 만든다.

"인간은 무엇이고, 무엇이 될 수 있으며, 무엇이 되어야 하는가?"

인류가 발명한 그 모든 신화와 종교, 철학, 예술, 심지어 과학까지도 궁극적으로는 바로 이 질문에 대한 답을 찾기 위한 몸부림이지 않을까?

과거에 이 질문은 그저 어떤 삶이 좋은지에 관한 윤리적인 문제였고 종교와 철학이 거기에 답을 주었다. 그러나 21세기에 이른 지금은 과거와 달리 매우 기술적이고 현실적인 문제가 되고 있다.

인류가 과학기술이라는 마법의 지팡이를 사용해 몸과 마음도 바꿀 수 있고 수명도 조절할 수 있으며, 심지어 신인류로 진화할 수도 있는 가능성은 호기심만큼이나 두려움을 불러일으킨다.

《사피엔스》의 저자 유발 하라리도 21세기가 직면하고 있는 이런 상황을 지적하고 있다. 그의 말처럼 "글로벌 경제위기, 테러단체 '이

슬람 국가', 남중국해의 긴장 등은 매우 중요한 문제이긴 하지만 그 중요성은 '인간 강화'라는 문제와 비교하면 새 발의 피다.”

21세기가 직면한 또 다른 도전 중 하나는 기계의 진화, 즉 인공지능과 로봇의 발달이다.

포스트휴머니즘의 기본 전제 중 하나는 바로 인간과 기술이 공진화해 왔다는 사실을 인식하고 긍정하는 것이다. 즉 인간과 기술은 이미 명확하게 경계를 짓기 어려울 정도로 뒤섞여 있다고 본다. 고인류학자들은 최초의 기술혁명 사건이라고 할 불의 발명이 인간의 신체를 변형시켜 오늘날의 휴먼, 즉 호모 사피엔스를 만들어냈다고 본다. 호모 사피엔스와 기술은 서로를 규정하면서 함께 진화의 길을 밟아왔다는 것이다.

그 결과 수십만 년의 시간을 거쳐 21세기에 이른 지금, 우리는 인간과 기술의 공진화가 마침내 어떤 정점을 향해 달리고 있는 역사적인 현장을 목격하고 있다.

인간은 사이보그화를 통해 점점 더 기계를 닮아가고 있고, 반면에 기계는 인공지능과 로봇이라는 형태로 날로 더 인간화되고 있다. 인간과 기계의 경계는 점점 더 불분명해지고, 자연과 인공의 경계도 희미해져버렸다. 때문에 우리가 '순수한 자연 인간'이라고 부를 만한 그런 인간은 사실상 더 이상 존재하지 않는다고 말할 수도 있다.

이러한 두 경향이 인간의 포스트휴먼화를 규정한다. 왜냐하면 포스트휴먼이라는 존재 자체가 자연과 인공, 인간과 기계, 동물과 같은 비인간 존재들 사이의 경계를 해체하고 이들을 모두 상호 네트워크로 연결된 혼종적인 존재로 보는 관점에서 이해되기 때문이다. 또한 인간의 본성이나 정체성도 전통적 휴머니즘이 가정하듯 초역사적이고 추상적인 것이 아니라, 삶의 역사 속에서 문화적으로 구성되는 어떤 것으로 보기 때문이다.

이런 관점에서 포스트휴머니즘 사상가들은 탈인간중심주의를 선언한다. 인간중심주의를 고수하는 전통적인 휴머니즘이 종말을 고했고, 그 시효가 다했다고 주장한다. 즉 휴머니즘의 관점에서 이해되던 '휴먼'은 역사적으로 시효가 다했다고 보는 것이다.

또 오늘날, 기술의 가속적인 발달은 인공지능과 로봇의 형태로 발전을 거듭하여 마침내 로보 사피엔스로 진화할지도 모를 단계로 접어들었다. 최근엔 레이 커즈와일 같은 미래학자뿐 아니라 스티븐 호킹을 비롯한 과학자들조차 21세기 안에 인공지능의 지능이 인간을 추월할지도 모르니 인류를 위해 미리 대비책을 마련해야 한다고 경고하고 있다. 마치 영화 〈터미네이터〉에서 인류를 파멸시키려 드는 스카이넷 같은 것이 인공지능 진화의 궁극적인 모습인 양.

그런데 만일 의식을 가진 로봇이 나타난다면 인류는 그들에게 어떤 인격권을 부여해야 할까? 그들의 법적 도덕적 지위는 어떻게 될까? 인공지능은 지적인 면에서 인간을 정말로 추월할 수 있을까? 인공지능은 정말로 의식과 신적인 지능을 가진 소위 '초지능'이 될 수 있을까? 그런 존재는 인류를 파괴할 가능성이 있을까?

이 책에서는 '지능'과 '의식'에 대한 탐색을 통해 그러한 '인공지능 위험론'에 많은 오해와 과장이 뒤섞여 있다는 점을 밝힐 것이다.

사실 인공지능의 발달은 앞서 말한 문제, 즉 인간은 무엇이 될 수 있고 무엇이 되어야 하는가, 라는 문제와 직접 연관되어 있다. 케빈 워릭 같은 로봇 공학자는 인공지능과 로봇에게 추월당하지 않기 위해서는 인간도 과학기술과 더욱 깊이 결합하여 뛰어난 사이보그로 진화해야 한다고 주장한다. 인류가 살아남기 위해선 사이보그가 되어야 할까? 아니, 차라리 유전공학을 이용해 지적으로나 신체적으로 더 뛰어난 신인류가 되는 건 어떨까?

소위 트랜스휴머니스트라고 불리는 일군의 사람들은 바로 그런 주장을 펼치고 있다. 이들은 과학기술의 막강한 힘을 이용하여 인간의 여러 능력을 '강화'하길 원한다. 더 나아가서는 불로장생을 넘어 아예 불멸하는 신적인 존재로 진화하길 원한다.

수명 연장이나 지능 향상 기술, 맞춤 아기, 인공 자궁, 그리고 21세기의 가장 큰 산업이 될 안티에이징 문제 등에 이르기까지, 늙지 않고 병들지 않고 오래도록 청춘으로 살고 싶은 인간의 욕망을 우리는 어떻게 이해하고 받아들일 것인가? 거기엔 어떤 도덕적이거나 심리적인 문제가 있을까? 이 책에선 그런 트랜스휴머니스트들의 기획과 현재 세계에서 진행되고 있는 연구 사례들을 비판적으로 소개하고 있다.

이들과는 달리, 인류의 현재 상태가 최선이며 완전하진 않지만, 지금도 충분하다면서 '인간 향상' 기술을 신우생학이라며 격렬히 반대하는 전통적인 휴머니스트들도 있다. 마이클 샌델이나 프랜시스 후쿠야마 같은 철학자들이 그런 입장에 서 있다.

다른 한편으로는 비판적 포스트휴머니즘도 있다. 이들은 첨단 과학기술의 긍정적 잠재력을 인정하면서도 트랜스휴머니즘의 인간중심주의적인 기획을 비판하며 탈인간중심적이고 혼종적인 세계관을 요구한다. 자본주의적인 기술 사용이 불러오는 비인간화, 반생명적인 행태를 날카롭게 고발하며 동물, 기계 같은 비인간 존재들과 인간의 상생과 조화를 추구하고자 노력한다.

이 책은 이러한 각각의 다른 세계관들이 지닌 차이를 가급적 쉽고 명료하게 보여주고자 노력했다. 또한 이 책에서는 인공지능의 급격한 발달이나 4차 산업혁명이 초래하고 있는 사회적인 문제들도 다루고 있다.

벌써부터 인간과 인공지능 간의 일자리 경쟁이 벌어질 조짐이 보이고 있고, 전문가들은 수십 년 안에 많은 인간 실업자가 양산될 것으로 예측하고 있다. 인공지능이 육체적인 힘뿐 아니라 지적인 힘까지도 대체한다면 인간은 무엇을 하며 먹고 살아야 하는가? 최근 기본소득세나 로봇세 논의가 활발해지고 있는 것도 바로 이런 사정을 반영하고 있다.

동일한 기술 조건 아래서도 어떤 정치 사회적 시스템과 가치를 선택하느냐에 따라 한 사회의 미래 역사는 달라진다. 기본소득세나 로봇세 도입 여부, 인공지능의 활용 정도와 수준은 한 사회의 갈등과 발전 양상을 크게 바꾸어놓게 될 것이다.

어떻게 지구적인 포스트휴먼으로 살아갈 것인가?

결국 이 모든 이야기들은 소중한 생명

공동체인 이 지구라는 행성에서 포스트휴먼 시대를 어떻게 이해하고 수용해야 하며 또 어떻게 살아가야 하는지를 질문한다. 이 질문들은 사실 매우 복잡하고 더 많은 논의가 필요한 것들이다.

무엇이 인간을 인간답게 만드는가? 앞으로 계속 현재와 같은 인간으로 머무를 것인가, 아니면 기술을 이용한 인간 향상을 기술이 허용하는 한 계속 추구해야 할 것인가? 인간의 몸과 마음에 대한 유전적 개입이나 변형은 어디까지 허용해야 하는가? 또는 의식적으로 유전자를 재설계하여 신인류로 진화하는 것이 좋은가? 인간과 로봇의 관계, 인간과 기술의 공생 협력 관계는 어떻게 만들어갈 수 있는가? 포스트휴먼으로 산다는 것은 어떤 의미이고, 어떤 삶을 추구하는 것이 바람직한가?

이에 대한 현명한 답을 얻기 위해서는 인문학과 과학이 함께 머리를 맞대고 고민해야 한다. 21세기 인문학과 과학은 바로 이런 근본적인 문제를 치열하게 고민하며 토론해야만 한다. 요즘 '융합'이란 단어가 유행인데, 말 그대로 하이브리드 인문학, 하이브리드 과학이 절박하게 필요한 이유이기도 하다.

몸문화연구소에서는 지난 몇 년 간 바로 이런 문제의식을 가지고 포스트휴머니즘 관련 세미나와 콜로키움 등을 개최하며 꾸준히 연구를 진행해왔다.

이번 책의 취지는 보통의 시민들과 학생들이 포스트휴머니즘과 관련 쟁점들을 쉽게 이해할 수 있는 가이드 역할을 제공하는 것이다. 그동안 이론서들은 꾸준히 출간되었지만 기본 개념들과 핵심 쟁점들, 그리고 구체적인 실생활에서 직면하게 될지도 모를 문제들을 통해 포스트휴머니즘을 보여주는 책을 만나기 어려웠기 때문이다. 또 포스트휴머니즘이나 트랜스휴머니즘에 관한 시민들의 이해도를 더 높이고자 하는 의욕도 컸다.

열정과 의욕이 넘친다고 결과가 반드시 거기에 부합한다는 보장은 없다. 그럼에도 독자들이 이 책을 통해 21세기라는 시대와 인간을 보는 시각이 더 넓어지고 깊어지기를 바라는 마음만은 한결 같다.

1장

터미네이터는 인공지능의 미래가 아니다

.김윤하

과연 인공지능이 초지능을 갖거나
인간처럼 자의식을 갖는 것이 가능할까?
이 글에서는 여전히 수수께끼처럼 보이는
의식과 지능에 대한 검토를 바탕으로 기계의 의식과
지능이 어떤 것이 될 수 있는지를 살펴본다.
이를 통해 인공지능의 미래를 그려보고,
'인공지능 위협론'이 인간중심주의에 근거한
과장된 불안이라는 것을 밝힌다.
더불어 현재의 중요한 문제는 인간과 인공지능의
새로운 관계 설정이라는 점을 분명히 한다.

지난 2016년 서울 신라호텔에서는 제7회 세계 전략 포럼이 열렸다. 그 포럼에 한 특별한 손님이 참석했다. 트랜스휴머니스트 철학자로 잘 알려진 닉 보스트롬이었다. 기조 강연자로 나선 그의 강연 주제는 바로 '초지능' 인공지능이었다. 그는 '인간 수준' 인공지능이 2050년경이면 가능할 것이며, 백 년 후 즈음엔 '초지능'이 출현할 것이라고 주장하였다.

　그가 말하는 초지능ASI·artificial super intelligence은 강한 인공지능으로서 '자의식'을 포함하여 거의 모든 지적인 영역에서 인간보다 훨씬 똑똑한 인공지능을 말한다. 닉 보스트롬은 그런 인공지능의 출현은 "호모 사피엔스 종이 처음 등장했을 때와 같은 대 사건이 될 것"이며 "미래가 인공지능으로 인해 유토피아가 될 것인지 디스토피아가 될 것인지를 진지하게 고민해야 한다"고 주장했다. 한마디로 인간보다 더 똑똑한 기계에게 멸망당할 수도 있으니 지금부터 안전대책을 심각하게 논의하고 마련해야 한다는 것이다.

　그 주장을 들으며 2015년에 개봉했던 SF영화 〈엑스 마키나〉를 떠올렸다. 영화에 나온 인공지능 로봇 에이바는 정서적으로 인간과 교감하면서 진짜 인간처럼 감쪽같이 속임수를 쓰고 심지어 살인까지 하게 된다. 인공지능이라는 사실을 모른다면 누구라도 그녀를 인

닉 보스트롬의 《수퍼인텔리전스》 영화 〈엑스 마키나〉

간이라고 믿을 것이다. 인간처럼 자율성과 독립성을 가진, 자의식을 가진 인공지능. 인공지능 기술의 끝은 정말 에이바와 같은 인공지능일까? 또 그런 존재는 인간에게 위험하고 두려운 존재가 될까? 질문들이 난해하고 복잡하지만, 지금 21세기가 직면한 가장 큰 도전이 바로 인공지능이라는 사실엔 의문의 여지가 없다.

점점 높아지는 인공지능 위험론

　　　　　　알파고의 충격 이후 인공지능에 대한 관심과 함께 우려도 커지고 있다. 인공지능이 대다수 인간들을 잉여인간으로 만들어버리지 않을까 하는 두려움, 〈터미네이터〉 같은 SF

영화가 보여주듯 기계가 인류를 파멸시키려 들지 않을까 하는 불안과 공포다. 여러 예측 조사에선 향후 몇 십 년 안에 인간 직업의 절반이 인공지능으로 대체될 수도 있다고 하니 두려워하지 않을 수 없을 것 같기도 하다. 인공지능은 인간의 육체노동뿐 아니라 정신노동의 영역까지 대체하는 것처럼 보이기 때문이다.

얼마 전 미국이나 영국의 투자회사들은 인공지능 투자 프로그램보다 실적을 내지도 못하면서 고액 연봉을 받던 인간 펀드매니저를 해고해버렸다. 또 최근 한국의 길병원에선 IBM사의 인공지능 '왓슨'을 도입했다. IBM은 지난 1997년에 '딥블루'라는 컴퓨터로 인간 지능의 표본이라 칭송받던 체스 게임에서 인간 챔피언을 꺾었다. 2011년엔 '왓슨' 컴퓨터가 인간 퀴즈왕들을 제압해버렸다. 왓슨은 이제 의료, 법률, 금융 등 각 분야로 파고들며 인간의 지식 노동을 대체하고 있다. 의료 전문가 시스템으로 특화된 의사 왓슨은 이미 암 진단 분야에서 인간보다 더 뛰어난 기량을 선보인다. 심지어 암 환자들조차도 인간 의사보다 왓슨의 진단을 더 신뢰한다는 충격적인 뉴스가 전해지기도 했다.

그럼에도 이들이 인류 전체에 대한 근본적인 위협이 되는 것은 아니다. 현재의 인공지능은 특정 분야에서만 능력을 발휘하는 '전문가 시스템'이고, 각 전문 분야에서 인간-기계 협업으로 인간을 크게 보완할 수도 있다. 진짜 문제는 다른 것이다. 알파고나 왓슨과 같은 전문가 지능이 점점 더 발전하여 '일반지능'을 가진 인공지능이 출현하고, 나아가 이 일반지능 인공지능이 의식을 가진 초지능으로 진화할 경우에 발생할 위험일 것이다.

지난 2016년 알파고와 이세돌의 세기적 대결이 끝난 후에, 알파고를 만든 딥 마인드의 대표인 데미스 하사비스는 범용컴퓨터를 만드는 것이 목표라고 밝힌 바 있다. 범용컴퓨터란 바로 일반지능을 가진 인공지능을 말한다. 사실 우리 인간이 범용컴퓨터이고 일반지능이다. 나는 지금 글을 쓰고 있지만 다른 많은 기능도 수행할 수 있다. 운전, 요리, 토론, 바둑이나 포커와 같은 게임, 또 필요하면 삽이나 곡괭이를 들고 육체적인 작업을 할 수도 있다. 그런 의미에서 우리 인간 개개인은 정말로 탁월한 일반지능 범용컴퓨터다!

나는 자주 '집사 로봇'을 떠올리곤 한다. 나를 보조하거나 대리할 수 있는 로봇 집사! 아마도 바둑 두는 알파고를 만드는 것보다 집사 로봇을 만드는 게 훨씬 더 어려울 것이다. 말 그대로 '일반 지능'을 갖추어야 하기 때문이다. 우선 몸이 인간처럼 유연하고 섬세한 움직임을 가질 수 있어야 한다. 언어적이고 감정적인 소통도 가능해야 한다. 게다가 청소, 요리, 운전, 심지어 나를 대신해 마트에 가서 장을 보고 오는 일도 무난하게 할 수 있어야 할 것이다. SF영화에선 이런 로봇이 흔해빠졌지만 실제 구현은 몹시 어려운 일이다. 신체의 유연성을 갖는 것도 어렵지만, 일상생활에서 흔히 직면하게 되는 온갖 사소하지만 중요한 '윤리 도덕'에 관한 지혜와 대처 능력을 갖추어야 하기 때문이다. 마트에 심부름을 보냈다고 하자. 집사 로봇이 버스를 탔는데 거기서 어떤 사람이 싸움을 걸어온다면 어떻게 대처해야 하나? 또 그 집사가 거짓말을 할 줄 몰라 집에 놀러온 내 친구와 대화하다 불필요한 정보를 — 평소에 집사에게 그 친구 흉을 많이 보았다던가! — 있는 그대로 다 얘기해버리면 어떡하나? 또 로봇 집사가 내 차를 타고 시장을 보러가다 사고를 내서 불행히도 사람을 다치게 해버린다면, 나는 또는 내 집사 로봇은 어떤 법적인 책임을 져야 하나?

세상은 정말로 녹녹한 데가 아니다. 온갖 예측 불가능한 돌발 사태가 수시로 벌어지는데, 그에 대한 대처법이나 법, 윤리, 에티켓은 문화권과 국가마다 매우 다르다. 한국형 집사와 미국형, 사우디아라비아형은 제각기 다른 경험과 학습, 상식과 윤리적 지혜의 축적이 필요하다. 로봇 윤리학 혹은 로봇 법학 분야가 바로 이런 문제들에 대해 고민하고 있지만, 이제 겨우 걸음마 단계에 와 있다. 해결해야 할 기술적-윤리적인 문제들이 많기 때문에 집사 알파고 시대는 쉽게 오지 않는다.

그럼에도 나는 인공지능 기술은 결국 이런 집사 로봇까지 발명하는 단계로 나아갈 것으로 본다. 저런 집사 로봇이라면 전 세계 시장 수요가 얼마나 크겠는가? 비서로서도 탁월한 능력을 발휘할 것이고 친구나 애인 역할도 하지 못하리란 법이 없다!

일반지능 집사 로봇이 굳이 '자의식'을 가진 로봇, 즉 진짜 인간처럼 생각하는 기계일 필요는 없다. 집사 로봇은 몸도 없이 바둑만 잘 두는 부분 지능 컴퓨터에 불과한 알파고가 몸을 입고 다양한 기능을 수행할 줄 아는 정도의 로봇이어도 충분하다는 말이다. 알파고는 자의식이 없다. 천재 바둑기사이긴 한데, 자기가 천재 바둑기사인줄 모른다는 것, 그래서 바보-천재인 셈이다. 이처럼 의식이 없는 알파고 집사를 우리가 두려워 할 이유는 별로 없어 보인다.

인공지능 기술의 지나친 발달을 걱정하는 이들도 여기까지는 아직 괜찮아, 라고 할 것이다. 그들이 진정으로 걱정하는 건 그 이후의 순간이다. 인공지능이 마침내 '자의식'을 갖게 되고 그리하여 스스로 자기 존재의 이유를 묻는 순간, 바로 그 순간 말이다. 즉 〈엑스 마키나〉의 에이바와 같은 인공지능이 나타나는 그 순간!

인공지능은 과연 인간보다 우월한 지능과 자의식을 가지게 될까?

그러나 우리는 인공지능에 대한 막연한 두려움을 갖기보다 먼저 그 불안의 실체와 근거, 실제적인 가능성을 꼼꼼하게 따져봐야 한다.

(1) 과연 인공지능 기술이 점점 더 발전하여 마침내 인간처럼 지능적인 존재가 된다는 가설이 사실일까? 더 구체적으로 말해 인간처럼 '자의식'을 가진 인공지능 로봇은 이제 '기술적인 문제'만 남은 것일까?

(2) 만일 인간처럼 혹은 인간보다 더 똑똑하고 자의식을 가진 자율적인 인공지능 로봇이 나타나게 된다면, 그것은 인간에게 치명적인 위협이 될까?

결론부터 먼저 말하면 인간을 뛰어넘어 위협이 될 초지능 인공지능의 가능성은 확실한 근거가 없다고 본다. 설사 초지능이 가능하다 해도 그 존재가 인간을 멸망시킬 것이라는 가정 또한 근거가 불확실하다. 나는 지금 대중을 불안하게 만드는 인공지능 위협론은 지나치게 과장되어 있다고 믿는다. 특히 인간과 기술, 기계 간의 관계를 바라보는 관점에서 인간중심주의적인 편견과 오해가 문제를 더 키운다고 생각한다. 즉 문화와 기술을 대립적으로 보는 이분법, 그로 인한 기술 소외가 진짜 문제인 것이다. 기술철학자 질베르 시몽동의 말처럼 "문화와 기술 사이에, 그리고 인간과 기계 사이에 세워진 대립은 거짓이며 근거가 없다. 그건 단지 무지나 원한만을 은폐하고 있을 뿐이다."[1]

먼저 인공지능이 자의식을 갖는 강한 인공지능 즉 '초지능'이 될 거라는 가정부터 살펴보자. 이 문제가 중요한 이유는 인공지능 위협론이 근거를 갖기 위해서는 반드시 이 조건을 먼저 만족시켜야 하기 때문이다.

강한 인공지능의 출현이 불가능하지는 않다. 빤한 말이지만 '기술적 방법'만 발견되면 가능할지도 모른다. 하지만 지금 단계에선 의식을 기계에 심어 넣는 것이 '원리적으로' 가능한지조차 확실하지 않다. 인간보다 더 '지능적'으로 된다거나 혹은 '의식'을 갖는다는 게 무슨 뜻인가? 기계가 '의식'을 갖는다는 건 '자아'를 갖게 된다는 말과 같은 말인가? 혹은 설사 기계가 인간과는 다른 방식으로 기계적 자아나 인격을 가질 수는 있지만, 그것과 의식을 갖는 문제는 별개의 문제인가?

사실 인공지능의 의식과 지능이 문제가 되는 이유는 '의식과 지능

---

1 질베르 시몽동 지음, 김재희 옮김, 《기술적 대상들의 존재양식에 대하여》, 그린비, 2011, 10쪽.

이 따로 분리될 수 있는 가능성'을 처음으로 목격하게 되었기 때문이다. 인간은 오랜 적응 과정을 거치면서 의식과 지능을 같이 진화시켜왔다. 의식은 없는데 지능만 높은 사람을 상상할 순 없다. 몽유병자의 경우, 무의식 상태에서 몸을 움직이고 특정한 행동을 하기도 하지만 그 사람이 과연 지능적으로 행동한다고 봐야 하는지는 확실하지 않다. 반면 기계는 의식이 전혀 없다. 그런데도 기계가 똑똑할 수 있고 지능적으로 행동한다는 게 인간의 직관으론 납득하기가 어렵고 문제가 복잡해진다.

심지어 이런 질문도 가능하다. 의식과 지능의 분리는 오직 기계에서만 가능한 사태이고, 의식은 오직 생물체에게만 가능한 것이 아닐까? 즉 기계가 아무리 초지능이 되더라도 우리가 '의식'이라고 부르는 것은 결코 가질 수 없는 것은 아닐까?

이 모든 질문들에 대해 아직 속 시원한 정답이 없다. 사정이 이렇다 보니 막연한 추측성 기사와 언어 남용이 난무하고, 대중문화는 거기에 상상력을 입혀 이와 관련된 현실을 더더욱 부풀린다. 철학자 비트겐슈타인의 말처럼 모든 문제가 언어적 혼란에서 기인하는지도 모른다. 인생의 의미를 물을 때 정작 그 '의미'라는 단어의 의미를 먼저 명료하게 정의하지 않은 탓에 가짜 질문과 가짜 답변의 홍수에 휩쓸려 길을 잃게 되듯이 말이다. 그러니 인간과 기계의 '지능'이라든가 '의식' 혹은 '자아'란 단어를 둘러싼 온갖 논란과 루머도 그런 언어적 혼란에 빠져 있는 건 아닐까?

놀랍게도 의식의 실체가 무엇인지에 관해서는 아직 과학적으로 거의 아는 것이 없다. 21세기에 이른 현재에도 이 의식consciousness

문제는 최대의 '난제(hard problem)'이다. 뇌라는 세포조직 덩어리에서 의식이 발생하는 건 마치 물이 포도주로 바뀌는 것과 같은 신비로만 여겨지기도 한다. 그 문제는 영원히 과학 너머에서 신비로 남을 것이라고 믿는 사람들도 많다(특히 종교인들은 더더욱 그러기를 바란다)!

이처럼 인간 의식에 대해서 거의 아는 바가 없으면서 기계에게 의식이 생길 것을 미리 걱정하는 건 마치 아직 한 번도 맞닥뜨려 본 적이 없는 초지능 외계인들이 SF영화에서처럼 지구를 침공하면 어쩌나 하고 걱정하는 것과 별 다를 바가 없다. 외계인이 존재할 가능성은 있지만 그 외계인들이 친구가 될지 인류를 파괴할 가공할 적이 될지 우리는 전혀 아는 바가 없다. 오히려 영화 〈컨택트〉에서 보듯 외계인들은 지구를 돕기 위해 찾아왔는데 정작 공포심에 얼어붙은 지구인들이 먼저 그들을 적으로 취급하여 전쟁을 개시하려 할 가능성이 더 클 수도 있다. 마찬가지로 설사 강한 인공지능이 나타난다 해도 그것이 반드시 적대적인 존재가 되고 심지어 인류를 파멸시키려 들 거라는 터미네이터의 가정을 정당화할 근거는 어디에도 없다!

다른 한편으로 인간의 의식과 기계의 의식이 얼마나 다르고 같은 지에 관해서도 우리는 전혀 아는 바가 없다. 나아가 기계에게 꼭 인간적인 '의식'이라는 게 필요한지, '의식'이 생겨야만 위험해지는 것인지조차 불명확하다.

그럼에도 대중 사이에서 불안과 두려움이 가시지 않는 이유는 무엇일까? 재미와 흥행 때문이다. 화끈한 액션과 스릴, 감정이입을 위해선 단순한 선악구도가 필요하고 그런 구도에서 기계들이 항상 악역을 맡기 때문이다. 그러나 기계에 대한 심리적 방어기제가 작동하는 데는 무엇보다 인공지능을 둘러싼 불확실성 탓이 더 크다. 영화 〈트랜센더스〉의 한 대사처럼 "인간은 낯선 것에 대해선 공포를 갖는다." 마치 주식 시장이 제일 싫어하는 것이 불확실성이고, 시장 불확실성이 높아질수록 공포감에서 비롯된 투매가 일어날 위험도 증가하는 것과 마찬가지다.

이 때문에 우리가 문제에 제대로 접근하기 위해서는 문제들을 보다 명료하게 하는 것이 먼저 필요해 보인다. 지금 필요한 것은 우리가 무엇을 알고 있느냐가 아니라 아직 무엇을 모르고 있느냐 하는 것이다. 무엇보다 우리는 언어에 속지 말아야 한다.

'생각하는 고기'와 '전자 두뇌'가 같을 수 있을까?

미국의 SF소설가 테리 비슨Terry Bisson은 단편소설 〈그들은 고깃덩어리다They're made of meat〉에서 전자 두뇌를 가진 외계 생명체의 입을 빌어 인간을 '생각하는 고기'라고 표현한 바 있다. 생각하는 고기라니! 나는 이 유쾌한 농담을 아주 좋아하는데, 정말로 인간의 뇌도 일종의 '고기'라고 할 수 있다. 뇌란 어찌 보면 회백색의 물컹물컹한 단백질과 지방 덩어리에 불과하지 않은가? 그리고 뇌는 약 1천억 개 남짓한 신경세포들이 시냅스 형태로 촘촘하게 연결되어 마치 글로벌 인터넷 망처럼 복잡한 신경 네트워크를 이루며 전기-화학적 신호를 주고받고 있다. 거기 어디에도 여기서부터는 지능, 여기서부터는 의식이라고 할 뚜렷한 영역과 경계

자체가 없다.

독일 철학자 라이프니츠가 상상했듯 뇌를 지구의 크기로 확대한다고 해도 우리 눈에 보이는 건 거미줄처럼 얽힌 시냅스 망밖에 없을 것이다. 뇌는 그저 미묘한 방식으로 '작동operating'하면서 여러 가지 복잡한 기능을 수행하는 신체 기관의 하나일 뿐이다. 즉 우리는 뇌의 여러 가지 작동과 기능을 보며 지능과 의식 따위를 분류해 놓을 수 있을 뿐이다. 그런데도 우리는 일상적으로 '지능적'이라거나 '지능적으로 행동한다'고 하고, 기계가 똑똑하다느니 지능적이라고도 쓴다. 도대체 이 모든 말들이 무슨 의미를 가진단 말인가?

사실 그보다 더 큰 문제가 있다. '전자 두뇌'의 지능과 의식이 '생각하는 고기'의 그것들과 동일해야 한다고 보는 건 오만한 인간중심주의요, 과잉 의인화가 아닐까? 왜냐하면 단백질 기반의 생물학적 신체와 실리콘과 금속 기반의 신체는 근본적으로 다르기 때문이다. 유기체와 기계는 기본 재료 자체가 전혀 다른 존재들이라는 사실을 무시한 채 인간의 지능과 의식과 질적으로 동일한 것을 기계에도 적용할 수 있을까?

흔히 드는 예로 비행기가 있다. '새처럼 하늘을 나는 기계가 과연 가능할까?'라는 질문은 오랫동안 인간의 상상력을 사로잡았다. 밀랍으로 만든 날개를 달고 창공을 날다 추락한 이카로스의 신화도 있지만, 오늘날 인류는 아주 다양한 방법으로 하늘을 나는 기계들을 발명해냈다. 새처럼 하늘을 난다고 해서 반드시 비둘기나 참새처럼 힘들게 날개를 퍼득거리며 날 필요는 없다. 중요한 건 어떤 방식으로든 '하늘을 나는 능력' 자체이지, 비행 방식은 아니다. 헬리콥터도 있고, 미사일처럼 생긴 우주선도 있다. 헬리콥터가 새처럼 나는 방식을 채택하지 않았다고 해서 여전히 날지 못한다고 말한다면, 얼마나 우스꽝스럽겠는가! 비행기의 비행 능력은 새보다 훨씬 더 빨리, 더 높이 날 수 있다.

이 관점을 '인간처럼 생각하는 기계' 혹은 '인간처럼 지적인 기계'의 개념에 적용해보자. 새의 사례에서 보았던 "~처럼"이란 표현은 깨끗하게 잊어버리자. 핵심은 그저 '생각하기' 또는 '지능적인 능력' 자체일 뿐이다. 새의 경우처럼 기계는 인간과 똑같은 방식으로 생각하거나 지적일 필요가 전혀 없다. 기계는 기계적인 방식으로 지적인 능력을 보이면 된다. 이것을 착각하거나 혼돈하지 않는 게 첫 번째로 중요한 사항이다. 왜냐하면 인간 지능과 기계 지능이 다를 수 있다는 사실은 인간에게 적용되는 지능 분류법이 기계에게 적용되는 것과 많이 다를 수 있는 가능성을 함축하기 때문이다. 지능이나 의식을 얘기할 땐 인간과 기계의 근본적인 차이를 충분히 전제한 후에 논의해야 한다.

이젠 상식에 속하는 지식이 되었지만 인공지능은 크게 약한 인공지능과 강한 인공지능으로 구별한다. 사실 이런 구분 자체도 다분히 인간 지능을 전제로 비교한 인간중심적인 구분이다. 약한 것과 강한 것의 결정적인 구분 기준은 무엇인가? 그것은 지능인가 의식인가? 지능이 만약 IQ150 혹은 200을 넘으면 강한 인공지능이 되는가? 아니면 IQ가 중요한 것이 아니라, 그보다 더 근본적으로 '의식'을 갖느냐 못 갖느냐가 관건인가?

알파고는 천재 바둑기사 이세돌을 가뿐하게 이길 정도로 바둑에 관한 한 신적으로 똑똑하다고 할 수 있다. 그리고 왓슨은 역대급 인간 퀴즈왕들을 무참하게 꺾어버렸다. 그럼 알파고나 왓슨은 강한 인공지능인가? 물론 아니다. 또 더 최근엔 가짜 베팅이 난무하는 포커 게임에서도 인공지능이 인간들을 꺾었다. 일본 기업 소프트뱅크가 만든 로봇 페퍼도 웬만한 의사소통이 다 가능하지만, 그럼에도 페퍼는 결코 강한 인공지능이 아니다. 왜? 이유는 아주 간단하다. 그들에겐 소위 '의식'이란 게 없기 때문이다.

한마디로, 그 인공지능들은 자기가 무슨 짓을 하고 있는지 아무것도 모른다! 챔피언이 되고도 "와우! 내가 드디어 해냈어!"하는 탄성을 내지르며 경중경중 뛰며 좋아하지도 못하는 그들은 솔직히 얼마나 멍청한가!(하고 인간들은 비웃기도 한다.)

바로 여기에 약함과 강함의 결정적인 기준이 있다. 약한 인공지능은 아무리 똑똑하고 지능이 슈퍼 지능인 것처럼 보여도 '의식'이 없는 한, 강한 인공지능이 아니다. 즉 '의식'의 소유 여부야말로 약한 인공지능과 강한 인공지능을 가르는 기준선인 것이다. 의식이 없는 약한 인공지능은 결코 '터미네이터'처럼 인류에게 근본적인 위협이 되기 어렵다. 반면 우리 인간은 IQ가 90밖에 되지 않더라도 자기가 누구인지 안다. 그리고 감정과 느낌을 갖고 있고 그것을 표현하며 그 모든 것이 바로 다른 누구도 아닌 자신의 감정이자 느낌, 생각이라는 걸 '이해하고understand' 있다. 흔히 말하는 '인간처럼 생각하는 기계'란 다름 아닌 '의식'을 가진 기계를 뜻하는 것이다.

여기서 또 다른 의문이 든다. 그럼 도대체 지능과 의식은 어떻게 다른가? 사실 인공지능이란 일단은 인간의 지능과 의식을 모방하고 흉내내는 기계를 가리킨다. 그렇다면 인간에게 지능이란 무엇이고 의식이란 무엇인가? 여기서 우리 인간은 말문이 막힌다. 의문의 1패가 아니라, 의문의 여지없는 완패를 당하게 되어 있다. 자, 이 글을 읽고 있는 당신이라면 지능과 의식에 대해 어떻게 답하겠는가? 지능이 무엇인지 인터넷을 한 번 검색해보라. 지능의 정의는 수백 수천 가지이고, 정의를 내리는 학자들마다 내용이 조금씩 다르다.

의식은 어떤가? 의식은 더 하다. 의식의 수수께끼는 위에서 이미 이야기한 대로 그야말로 난공불락의 난제 중의 난제다. 굳이 지능과 구별되는 의식을 신경학 백과사전에 나온 대로 정의해본다면 의식은 두 가지 성질을 갖추어야 하는 정신적 속성이다. 하나는 혼수상태와 구별되는 각성상태이고, 두 번째는 인식이 정상적으로 유지되는 상태인데, 이 두 가지 성질이 동시에 작동해야 정상적인 의식상태라고 규정된다. 그러나 정상적인 의식상태는 인간에게는 결국 '자아의식'의 상태로 나타난다.

자아의식이란 결국 지금 자신이 욕망하고 생각하고 느끼는 바를 스스로 인지한다는 말이다. 거칠게 표현하면, 자신이 지금 무슨 짓을 하고 있는지를 아는 상태다. 잠에 들거나 혼수상태에 빠지면 의식이 꺼져 자아의식도 사라져버리는데, 의식 상태란 바로 이런 비의식 상태와 정확히 반대 상태인 셈이다. 그리고 무엇보다 의식을 고약한 문제로 만드는 이유는 그 상태가 지극히 1인칭적인 사건이기 때문이다. 내 이에 충치가 생겨 죽을 듯이 아플 때 그 통증을 느끼는 것은 바로 '나'이다. 그러한 1인칭적 내적 경험과 느낌을 감각질, 즉 퀼리아qualia라고 부른다. 내가 지금 느끼는 그 주관적이고 내적인 통증 자체를 세상 그 누구도 똑같이 느낄 수 없다. 타인은 다만 같은 인간이라는 믿음을 전제로 그 느낌을 유추할 수 있을 뿐이다. 이 느낌은 결코 3인칭적으로, 즉 객관적으로 설명할 수 없다.

내가 장님에게 하늘의 파란색을 아무리 이론적으로 완벽하게 설명해 주어도, 직접 눈으로 하늘을 바라볼 때 그 파란색이 주는 내적 경험, 느낌을 장님은 절대로 알 수 없다. 이것이 1인칭적인 의식 경험, 감각질과 관련된 고약한 딜레마다. 우리는 아직 감각질이 어떻게 발생하는지, 특정한 감각질이 느끼는 특별한 방식이 어떤 것인지 전혀 알지 못한다. 신경계와 의식 간의 심연 같은 간극은 조금도 좁혀지지 않았다. 그래서 DNA 나선구조 발견으로 왓슨과 함께 노벨상을 수상했지만 의식을 규명하기 위해 신경생물학 연구에 뛰어든 프랜시스 크릭, 그리고 그와 함께 1970년대 중반부터 선구적으로 의식의 신경학적 근원과 실체를 연구해온 크리스토프 코흐조차 최근 《의식》이라는 책에서 한탄하듯 "이 끈질긴 수수께끼"라고 부르고 있는 것이다.[2]

그런데 이것을 과연 과학적으로 재현할 수 있을까? 그것도 기계 속에다? 설사 미래의 알파고가 마침내 의식이 생겨 "나도 빌어먹을 치통을 느껴요!" 하고 외쳐도, 그것이 진짜 의식인지 아닌지를 우리는 구분할 수 없을 것이다. 인간끼리도 타인의 의식에 대해 유추를 통해 믿어줄 따름인데 기계의 그것에 대해서야 오죽하겠는가? 그렇다면 인공지능 로봇이 자의식을 가진다는 건 무슨 뜻일까? 의식의

---

2 크리스토프 코흐 지음, 이정진 옮김, 《의식》, 알마출판사, 2014, 60쪽.

실체에 대해 아직 거의 아는 바가 없는데 어떻게 기계의 의식을 설계할 수 있겠는가? 그리고 기계의 의식이 인간의 의식과 같을 논리적이거나 필연적 이유는 없지 않을까?

예를 들어 기계가 인간과 같은 수준의 의식이 없어도 기계 나름의 방식으로 자신이 무슨 짓을 하는지 안다면, 즉 스스로 "인간과 다른 기계인 나는 누구인가?" 하며 자신의 정체성을 고민하는 능력을 갖춘다면 그것이 바로 기계적 의식이라고 할 수 있지 않을까? 그리고 그런 문제로 인간과 진지하게 대화를 나누면서 마치 철학적으로 '사고'하는 것처럼 보인다면, 그걸로 충분하지 않을까?

30여 년 후에 외모가 영락없는 김태희나 스칼렛 요한슨인 알파고 2.0 신버전이 인간과 어떤 게임을 해서 이긴 후에 "와우! 정말 너무 기뻐요! 하지만 이 승리는 또한 인류의 승리이기도 해요. 왜냐하면 저는 인류의 후손이기 때문이지요"라고 말하며 수줍게 미소를 짓는다면, 우리는 그녀에게 기계적인 의식이 있다고 해야 하지 않을까? 만일 그 맛깔난 대사가 미리 프로그램된 것이 아니라면 말이다! 솔직히 나로서도 잘 모르겠다. 맞을 수도 있고 틀릴 수도 있고. 누가 확실하게 안다고 말할 수 있겠는가?

실은 전문 학자들조차도 지능과 의식에 관해서는 대충 이러저러한 것이라는 정도로 가장 중요한 몇 가지 성질들을 구분할 수 있을 뿐이다. 즉 지능이란 문제를 해결하는 능력이다. 기억하고 계산하고 논리적으로 추론하는 것, 그리고 목적과 계획을 세우고 가능한 변수들을 고려하여 결과를 예측하면서 효율적인 답을 추구하는 능력의 집합이다. 지능을 정의할 때 대개 이 정도는 합의할 수 있는 내용들이다. IQ 검사도 이런 능력들에 초점이 맞춰져 있다. 공간 지각 능력, 수리력, 논리력, 언어능력, 기억력, 창의력 같은 능력들. 과연 이런 것들이 지능의 전부일까?

우리는 기억력이나 논리적인 사고가 뛰어나거나 수학에 능한 사람을 일러 '똑똑하다'고 한다. 나는 수학엔 완전 젬병인 탓에 수학을 잘하는 사람들의 똑똑함을 늘 부러워하곤 했다. 그런데 요즘 컴퓨터는 연산능력에 관한 한, 이미 인간을 추월한 지 오래다. 또 컴퓨터는 잊어버리는 법이 없다. 더욱이 이제는 실시간 동시통역 기계도 나와 있다. 복잡한 전략 전술 구사가 필요한 게임 분야에선 두 말할 나위도 없다. 그렇다면 인공지능은 이미 인간을 추월할 정도로 똑똑해졌는가? 선뜻 동의하기 어려울 것이다. 사실 학자들 중에서 어느 누구도 그렇다고 하지 않을 것이다.

요즘은 '다중지능' 개념도 널리 쓰이고 있다. 다중지능 개념은 미국의 하버드 대학교 교수인 하워드 가드너Howard Gardner가 1983년에 《마음의 틀Frames of mind》이란 책에서 제시한 것이다. 이 이론은 기존 지능이론과는 달리 인간의 지능은 서로 독립적이면서 다른 여러 종류의 능력으로 구성되어 있다고 본다. 가드너는 인간의 지적인 능력이 포괄하는 분야를 아홉 가지로 구분한다. 거기엔 전통적인 논리연산, 언어 추론 능력뿐 아니라 운동 지능, 음악 지능, 소통 지능, 일종의 윤리적 가치판단과 실행 능력이라고 보는 아홉 번째 지능인 실존 지능까지 포함되어 있다. 결국 몸을 가지고 움직이고 살아가는 인간의 모든 행위 영역에 지능적인 활동이 개입된다고 보는 것이다.

특히 실존 지능은 "나는 누구이며 왜 살아가는가?"라는 성찰적이고 윤리적인 반성능력이 요구되는 것이라는 점에서 사실 '자의식'을 전제로 하는 개념이다. 그러니까 가드너의 다중지능 개념은 좁은 의미의 전통적인 지능과 의식을 포괄하는, '의식–지능' 개념이라고 해야 한다.[3]

그러나 인공지능의 능력에 관한 논의를 더 명료하게 하기 위해선 '지능을 가진 기계'와 '의식까지 가진 기계'라는 구분이 필요하다. 다중 지능 개념으로 의식까지 포괄하면 약한 인공지능과 강한 인공지능간의 경계가 모호해지고, 도대체 인공지능의 지능 수준을 어떻게 측정할 수 있을 것인가 하는 문제까지 생겨버린다. 더구나 마치 지능이 높아지면 절로 '자의식'도 발생하게 된다는 근거 없는 억측까지 하게 될 위험이 있다. 지능과 의식 사이의 정확한 인과 관계에 대한 과학적인 답변은 아직 어디에도 없다. 지능이 어느 수준까지 높아지면 절로 의식이 발생하는가? 아니면 지능과 의식 사이에 필연적인 인과관계는 없는 것인가? 이에 대해서도 우리는 아직 별로 아는 게 없다. 더구나 지능은 인간 두뇌가 수행하는 여러 가지 기능 중 하나라고 봐야 한다. 지능 외에도 인간 뇌는 의식, 욕망, 감정, 느낌, 상상력 등등이 있다. 그런데 이 모든 기능들을 뭉뚱그려 모두 '지능'이라고 해버린다면, 굳이 지능을 하나의 특화된 능력으로 다른 기능들과 구분 짓는 의미 자체가 사라져버린다.

---

[3] 한국교육심리학회 지음, 《교육심리학 용어사전》, 학지사, 2000.

인간에겐 쉽고 기계에겐 어려운 것
기계에겐 쉽고 인간에겐 어려운 것

이렇게 지능 문제 하나만 보더라도 얼마나 많은 모호함과 불확실성이 있는지 알 수 있다. 사실 1950년대 인공지능 연구가 막 시작될 무렵부터 이미 거대한 착각과 오해가 있었다. 대부분 수학이나 물리학 등 논리-연산-추론 작업에 종사하던 전문가들인 초창기 연구자들은 가장 고급한 지적 활동이 바로 추상적인 논리-연산과 추론이며, 그것만 해내면 나머지 언어나 윤리, 사물 지각, 움직임 따위는 대학 학부생 방학 과제 수준밖에 안 된다고 보았다. 그들의 그런 착각이 초기 인공지능 연구를 잘못된 길로 이끌었다.

한스 모라벡의 역설이라고 불리는 것이 있다. 미국의 로봇 공학자인 한스 모라벡Hans Moravec이 제창한 것으로 "인간에게 쉬운 것은 컴퓨터에게 어렵고 인간에게 어려운 것은 컴퓨터에게 쉽다"는 역설이다.

지금 생각하면 이 역설은 지극히 당연한 것이다. 1950년대 수학자들과 컴퓨터 공학자들이 이런 역설을 깨닫지 못했던 건, 그들의 전문 분야인 논리-연산이 인간 지능의 정수라는 착각에 빠져 있었고 '몸'이나 '육체적인 것'들에 대한 은근한 무시나 경멸의 감정을 갖고 있었기 때문이다. 결국 초기 컴퓨터들은 대부분 뛰어난 계산기 같은 것에 불과했다. 그런데 연산 능력은 천재지만, 눈앞에 보이는 게 고양이인지 토끼인지 커다란 쥐인지도 구분 못한다면? 또 인간이 하는 말을 제대로 알아듣지도 못하고 자기를 향해 날아오는 야구

공을 인지하고 재빨리 피하지도 못한다면, 그런 걸 도대체 무슨 지능이라고 해야 하겠는가? 그런 지능은 사실 생물체에게는 불필요한, 오히려 거추장스런 장식물에 불과하지 않을까?

여기서 우리는 생물 유기체의 지능과 기계 지능 사이에 얼마나 큰 괴리가 있는지를 보게 된다. 생물 유기체에게 근본적으로 필요한 지능은 다름 아닌 '몸의 지능'이다. 반면에 인간이 만든 인공지능이나 로봇은 아직까지는 '추상 지능'이라고 부를, 사실 생물들에겐 부가적인 기능에 불과한 논리와 연산, 언어기능에 더 특화되어 있다. 이 구분은 인공지능 문제를 좀 더 명료하게 이해하는 데도 중요한 지표가 될 수 있다. 이 지표로 인공지능 위협론의 현실성을 판단할 수 있기 때문이다. 그렇다면 몸의 지능은 무엇이고 추상 지능은 또 무엇인가? 인간과 인공지능의 지능과 의식 문제를 풀기 위해서는 이런 개념 틀이 필요하다.

도대체 고양이나 침팬지, 코끼리, 인간과 같은 동물에게 이 '뇌'라는 것은 왜 필요할까? 그건 오직 '움직임' 때문이다. 식물에게 뇌가 없는 것은 움직일 필요가 없기 때문이다. 생물에게 뇌가 필요한 이유를 선명하게 보여주는 동물로 멍게가 잘 알려져 있다. 인간처럼 척색동물에 속하는 멍게는 일종의 뇌와 척수를 갖는다. 그러나 일단 안전하고 수온이 적당하며 먹이가 풍부한 암벽을 찾으면 멍게는 그곳에 정착하는데, 한번 정착한 멍게는 더 이상 움직일 필요가 없어진다. 그때 멍게가 제일 먼저 하는 일은 바로 자기 뇌를 먹어 치우는 일이다. 앞으로 평생 움직일 일이 없으니 공연히 에너지를 낭비할 이유가 없다. 냠냠, 멍게는 몸을 위해 뇌를 먹어치우는 것이다!

그러나 걱정할 필요는 없다. 멍게에겐 여전히 '몸의 지능'이 고스란히 남아 있기 때문이다. 다시 말해 '미래를 위한 적절하고 복잡한 움직임'이 필요 없는 존재에겐 뇌도 필요 없다는 말이다. 뛰어난 공학자이자 의사이고, 멍게에 큰 관심을 가지고 연구한 뇌과학자인 대니얼 월퍼트Daniel Wolpert는 바로 이런 근거를 들어 2011년 테드 강연회에서 행한 강연에서 "뇌의 유일한 존재 이유는 움직임이다"라고 주장했던 것이다.[4]

인간이 뇌라는 1.4킬로그램짜리 세포 덩어리를 진화시킨 것도 인간이 멍게나 물푸레나무처럼 어딘가에 붙박힌 존재가 아니라 걷고, 뛰고, 춤추는 움직이는 동물이기 때문이다. 살아 움직이는 몸! 더구나 인간의 몸은 고양이처럼 혼자 돌아다니는 몸이 아니다. 사회라는 공동체를 이루고 사는 몸, 즉 무리생활을 하는 사회적인 몸이다. 몸을 갖고 타인들과 세계와 매순간 소통하는 몸인 것이다!

이 사실을 지적하는 건 매우, 근본적으로 중요하다. 적대적인 환경 속에서 삼시 세 끼 먹이를 구하고, 짝짓기를 하고, 무리와 적절한 소통을 하면서 살려고 발버둥치는 주체가 다름 아닌 바로 이 '몸', 살로 된 몸이기 때문이다. 이 몸은 또 고양이처럼 아주 민첩해야 한다. 지금 눈 앞에 왔다갔다 하는 게 저녁거리인지, 경쟁자인지, 아니면 포식자인지 신속하게 판단해서 싸우든가 아니면 온몸의 털이 휘날리도록 줄행랑을 쳐야 한다. 즉 생물의 뇌는 생존과 소통, 짝짓기

---

[4] https://www.youtube.com/watch?v=PgEnc-Rm-3A 참고.

를 위해 진화한 것이지, 위상기하나 벡터 함수를 풀기 위해 필요하거나 발달한 것이 절대 아니다.

그러므로 생물의 근본 지능은 바로 '몸의 지능'이라고 해야 한다. 몸의 지능이란, 몸을 가진 개체로서 생존하고 자신을 유지하는 데 필요한 기술에 관련된 지능이다. 생존과 번식 본능, 욕구와 선호 같은 것으로 표현되는 지능이다.

'뇌'라고 부르기 민망할 것 같은 뇌를 가진 꼬마선충이나 지렁이조차도 자기에게 딱 맞는 '몸의 지능'을 갖추고 있다. 선충이나 지렁이로 살아가는 데 별 무리가 없는, 즉 생존-번식 기계로서 필요한 최적화된 지능이기 때문이다. 아니면 그들은 벌써 지구에서 사라졌을 것이다. 인간도 생물인 한, 몸의 지능을 장착하고 있다. 호흡과 체온, 호르몬과 혈액 순환 등 몸의 항상성을 유지하도록 하고, 감각 센서를 통해 바깥 상황을 수시로 지각하고 판단하며, 안전과 생존, 먹이 확보, 짝짓기에 필요한 전략과 전술을 구사하는 지능, 몸의 상태를 몸짓이나 언어, 표정, 감정이나 느낌으로 표현하고, 상황에 따라 신속하고 정확하게 몸을 움직이는 운동 능력을 발휘하도록 구체화된 지능 말이다.

이에 비하면 언어나 논리, 연산 같은 추상 지능은 나중에 인간에게 추가된 부가 기능일 뿐이다. 호랑이나 사자 같은 맹수들에 비해 신체 능력이 현저하게 떨어지는 인간 종에게 운 좋게 발생한 예기치 않은 선물 같은 기능이다. 추상 지능은 고도로 체계화된 문법체계를 갖춘 언어, 논리와 연산, 추론, 그리고 미래를 예측하고 전략과 전술을 구사하는 능력인데, 인간에게 가장 탁월하게 특화되어 있다. 인간만이 개별 고양이들의 특성을 조합하여 고양이라는 추상적인 개념을 만들어낼 수 있는 것이다.

몸의 지능과 추상 지능 사이에는 어느 정도 연속성이 있다고 볼 수 있다. 개나 코끼리, 돌고래, 까마귀 등 몇몇 종의 동물들은 매우 똑똑하고, 제법 복잡한 추론 능력도 갖고 있기 때문이다. 그러나 추상 지능과 의식은 구별해야만 한다. 추상 지능과 의식 사이에 연속성이 있는지 어떤지는 현재로서는 불확실하다. 예를 들어 거울에 비친 자기 모습을 보고 그것이 바로 자기 자신임을 아는 몇몇 동물들이 있다. 그들에겐 자의식이 있다고 해야 하는가? 그들은 스스로를 의식하는가? 다만 인간처럼 체계화된 언어체계가 없기에 표현하지 못할 뿐일까? 확실한 건 그들의 추상 지능이 인간의 것에 비해서는 현저하게 떨어진다는 점이다. 이로 미루어 생물계에서 의식은 추상 지능과 어느 정도 관련이 있지만, 어떤 정도로, 어떻게 관련이 있는지는 불확실하다. 마찬가지로, 인공지능의 추상 지능과 의식의 관계가 어떻게 되는지도 우리는 전혀 알지 못한다.

중요한 건, 생물계 동물들에게는 이 의식이 생존에 그리 본질적인 중요성을 갖는 것처럼 보이지는 않는다는 사실이다. 생물 종의 거의 90% 이상이 의식 따위 없어도 잘만 살아 생존하고 번식하며 종을 이어가고 있지 않은가? 그러나 인간은 추상 지능으로 자연을 정복하고 문명을 건설했기 때문에 이 기능을 특권처럼 숭배했다. 그것이 지능 중의 지능, 진정한 지능인 것처럼 믿어왔다. 하지만 지능을 추상 지능만으로 규정할 수는 없다. 그리고 오직 지능을 이런 추상적인 기능, 즉 논리와 연산, 언어와 추론, 계획과 예측 같은 수행 능력 면에만 초점을 맞출 때, 기계가 인간의 지능을 금세 '추월'하는 것은 결코 어렵지 않다. 잘 알다시피 지금까지 인류는 지능을 너무 이런 추상 지능으로 한정해왔다.

체스만 하더라도 그렇다. 서양 문명사에서는 오래도록, 그리고 1997년 딥블루가 인간 챔피언을 꺾기 전까지 인간 지능의 탁월한 정수이자 가장 지적인 활동으로 인정되었던 것이다. 또 그런 믿음 때문에 컴퓨터가 제일 먼저 거기에 도전했던 것이다! 그리고 이제 와서 체스와 바둑 같은 '지적인 게임'에서 기계에게 패배하자 성급 하게도 기계가 인간의 지능을 추월했다며 몸을 부들부들 떨며 호들 갑을 부리고 있는 것이다! 자, 이제 체스, 바둑, 포커, 연산, 논리, 심지어 암을 진단하거나 주식 투자에서도 인공지능 기계가 인간보 다 더 뛰어난 능력을 보이고 있는 지금, 그런 인공지능이 진짜로 인 간보다 더 '똑똑하다'고 인정할 수 있는가? 그들의 평균 IQ가 300, 500이라고 할 수 있을까? 인정하자니 자존심이 상하고 인정하지 않 자니 능력이 너무 뛰어나다. 딜레마다.

나는 인공지능이 현재 추상적인 지능의 영역에서는 곧 인간을 추 월할 것이라고 본다. 그러나 지금 인공지능의 현실은 '의식'은 커녕, '몸의 지능'에서는 솔직히 민첩한 새앙쥐 수준에도 미치지 못하는 것이 솔직한 현실이다. 인공지능형 몸의 지능은 인공지능을 탑재한 로봇 형태로 구체화되고 있다. 현재 인간형 로봇의 신체 움직임은 얼마나 자연스러운가? 그들이 생존 욕구와 정서적 선호를 갖고 있 고, 복잡한 사회 환경 안에서 적절하게 상황을 판단하고, 인간들과 적절하게 소통하고, 각종 신체적 위험을 회피하며 자기 존재를 유지할 능력이 있는가? 전혀. 이제 겨우 고양이와 개를 구분하는 정도의 사물 지각 능력과 갓난아기가 뒤뚱거리며 걸음마를 배우는 정도의 굼뜬 행동 능력을 보이고 있는 단계에 와 있을 뿐이다. 일본의 휴머노이드 로봇인 페퍼만 하더라도 약간의 언어적 소통 능력은 갖고 있지만, 하반신은 우스꽝스런 바퀴를 달고 있다!

물론 인공지능을 탑재한 로봇은 점점 더 멀리 발전할 것이다. 외모나 움직임이 얼핏 보아선 인간과 구분되지 않을 정도로 자연스런 로봇도 2050년 무렵에는 충분히 나타날 걸로 본다. 생존 욕구나 감정 시뮬레이션도 의식 문제 해결만큼 극도로 어려운 문제는 아닐 것이다. 이 문제는 오히려 쉬울 수도 있다. 인간의 감정을 읽어내는 것 역시 마찬가지다. 일본의 의사소통 로봇 페퍼처럼, 인간적 삶의 일상세계 속에서 계속해서 소통하고 경험하고 학습량을 늘려가다 보면, 인간의 욕구와 감정, 느낌에 대한 엄청난 빅데이터가 확보될 것이고, 그에 따라 정서적-언어적 소통 능력도 지금과는 크게 달라질 것이다. 즉 '몸의 지능'을 시뮬레이션하는 것도 가능해질 것이라는 얘기다.

아마도 2050년 무렵에는 많은 면에서 인간과 비슷해 보이는 로봇이 나타날 것이다. 내가 앞서 말한 유능한 집사 알파고가 출현하게 될 거라는 말이다. 그 집사 알파고는 웬만한 몸의 지능과 뛰어난 추상 지능도 갖고 있을 것이다. 단 '의식'은 빼고.

그런데 집사 알파고가 나타나면, 그것이 과연 인공지능이 인간보다 더 똑똑한 '특이점'에 도달했다고 말할 수 있을까? 나는 그렇지

인간형 로봇 페퍼(출처: www.ald.softbankrobotics.com)

않다고 본다. 만일 레이 커즈와일이 말한 그 특이점이 '자의식'을 갖는 인공지능을 뜻한다면 모를까. 내 생각엔 그는 결국 그런 뜻으로 말한 것 같다. 그러나 나는 지금까지 살펴본 것처럼 2050년경에 그런 자아의식을 가진 인공지능, 즉 〈엑스 마키나〉의 에이바 같은 존재가 실제로 나타날 수 있다고 보지 않는다.

인간과 인공지능의 공존과 협력의 시대를 위하여

그렇다면 이젠 이런 질문이 남는다. 2100년 이후 시대에는 어떻게 될까? 그때는 인간의 의식의 수수께끼도 풀리고, 그리하여 그것을 기계에게 적용하여 의식을 가진 자율적인 인격성을 가진 기계가 등장하게 될까?

그럴 가능성을 완전히 부정할 순 없다. 그럼에도 나는 성마른 예측이나 과장된 두려움을 조장하기보다는 좀 다른 접근과 대응이 필요하다고 본다. 인류 앞엔 인공지능과 관련한 여러 가능세계들이 열려 있다. 낙관적이거나 비관적인 혹은 그리 낙관적이지도 비관적이지도 않은 여러 가능세계들. 그 가능 세계들은 숙명처럼 이미 결정되어 있지 않다. 인류가 문제를 어떻게 역동적으로 풀어나갈 것이냐에 달린 열린 세계들이다.

우리는 좀 더 긍정적이고 낙관적인 가능세계를 만들어가는 데 역량을 집중할 필요가 있지 않을까? 예를 들어 지금은 일자리 문제처럼 그 해결이 인간에게 달린 문제에 더 힘을 집중해야 한다. 그리고 다른 한편으로는, 인공지능을 포함하여 기술 일반과 인간 간의 관계가 반인도주의나 반생명화, 그리고 기술 소외로 치닫지 않도록 하는 사회적 토론과 대안 마련도 서둘러야 한다. 이런 관점에서 21세기 인류에게 무엇보다 필요한 것은 인간과 기술, 인간과 기계를 바라보는 탈경계적이고 탈 인간중심주의적인 관점, 즉 포스트휴먼적인 세계관이다. 포스트휴머니즘은 인간과 기계, 기술이 서로를 규정하며 분리 불가능한 방식으로 연루되어 있고, 상호 연결과 접속을 통해 서로의 가능성을 증강시킨다는 공존주의적인 관점을 제공해주기 때문이다.

2장

포스트휴먼,
그는
누구인가?

.김종갑

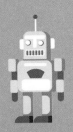

포스트휴머니즘이란 무엇일까?
휴머니즘 앞의 접두사 포스트post의 의미는
'지난 것'일까, '넘어서는 것'일까?
휴머니즘이 인간을 비인간과 다른
이성적·특권적 존재로 보았다면,
포스트휴머니즘은 그러한 배타적 논리에
대항해 공존과 혼성성, 융합성을 강조한다.
이 글에서는 동식물과 기계, 인공지능 등을
바라보는 새로운 세계관이자 인간중심주의의
전통을 비판하고 넘어서는 대안적 세계관으로서의
포스트휴머니즘을 살펴본다.

올해의 인물,
알파고?

　　미국의 저명한 시사지 《타임》은 매년 신년호에 "올해의 인물"을 표지 사진으로 올리곤 한다. 그런데 1983년 신년호 《타임》지에 실린 "올해의 인물"을 본 독자들은 큰 충격을 받았다. 대개 그 잡지의 "올해의 인물" 표지는 긍정적이든 부정적이든 세계의 역사와 정치 지형을 바꾼 역사적인 인물들이 차지하게 마련이다. 예를 들면 최근 2013년에는 프란치스코 교황이 올해의 인물로 선정되었는가 하면, 2017년에는 트럼프 대통령이 표지를 장식했다. 그러나 1983년에 선정된 올해의 인물은 놀랍게도 사람이 아닌 컴퓨터였던 것이다! 제목도 '올해의 인물'이 아니라 '올해의 기계'였다.

　지난 2016년 4월 인공지능 알파고는 천재 바둑기사인 이세돌과 바둑 대결을 벌여 승리를 거두었다. 인간과 기계 간의 관계에서, 그리고 인류 역사에서 새로운 전환점이 일어난 역사적 순간이었다. 만일 2017년 《타임》지 "올해의 인물"로 트럼프 대신 알파고가 선정되었다면 우리는 어떻게 받아들였을까?

　"올해의 기계"가 아니라 "올해의 인물"인 알파고를 상상하는 것

1983년《타임》지 올해의 기계 표지와 1984년 애플 매킨토시 ⓒ Sagie

도 사실 이제는 크게 낯설지 않을 것이다. 아니, 어떤 인공지능 로봇이《타임》지의 "올해의 인물"란을 장식할 날도 그리 멀지 않았을지도 모른다.

오늘날 인간과 기계 사이의 뒤섞임과 결합이 가속도를 더하고 있다. 인공지능이 인간의 지적인 영역까지 대체하면서 인간과 기계의 정체성 문제도 새롭게 논의의 대상으로 떠오르고 있다. 심지어 로봇에게도 도덕성과 인격권을 부여해야 한다는 논의도 활발하다. 인간과 기계 간의 명확한 구분, 세상에서 유일하게 이성과 자율성을 가진 존재라는 전통적 휴머니즘의 가정이 급격하게 무너지고 있는 것이다. 이런 시대의 흐름에 따라 포스트휴먼과 포스트휴머니즘에 대한 논의와 관심이 부상하고 있다.

21세기는 더 이상 휴먼의 시대가 아니다. 포스트휴먼의 시대가 도래한 것이다. 그러나 아직 포스트휴먼은 너무나 낯설다. "도대체 누가 포스트휴먼인가?" 그리고 "왜 휴먼 혹은 휴머니즘은 종말을 고하고 있는가?" 하는 문제에 관해 좀 더 명료하고 일관된 이해가 필요한 시점이다.

인간의 탈을 벗고
기계의 몸을 한 인간

휴머니스트라는 말을 들으면 헐벗고 굶주리고 병든 사람들을 위해 평생을 바쳤던 슈바이처 박사나 장기려 박사가 떠오른다. 인류의 위대한 스승들이다. 그들은 사람들의 복지와 건강, 행복을 위해 자신을 희생했던 사람이기 때문이다.

포스트휴머니스트하면 무엇이 떠오를까? 로봇이나 외계인이 떠오를까? 휴머니스트가 인본주의자라면 포스트휴머니스트는 탈인본주의자 혹은 후기인본주의자를 의미한다. 그것은 인간의 단계에서 벗어나거나 인간이 멸종한 다음의 존재를 말하는 것일까?

포스트휴먼은 단순한 하나의 현상이 아니다. 휴머니즘이 그러하듯 포스트휴머니즘도 하나의 이념, 하나의 세계관을 바탕에 깔고 있다. 이것은 인간 이전이나 인간 이후라는 역사적 범주의 변화가 아니라 인간을 바라보는 관점의 전환, 중심의 이동을 예고하고 있다. 그렇다. 중심의 이동이다. 인류의 긴 역사에서 휴머니즘은 극히 최근에 등장한 관념에 지나지 않는다. 그 이전에는 신이 우주의 중심이며 인간은 그의 피조물이라는 신본주의theocentrism 관념이 지배적이었다. 홍수나 가뭄, 전염병과 같은 재난이 발생하면 자력으로 해결하는 대신 신에게 도움을 빌 생각만 하였다. '호랑이가 담배 피던 시절'로 시작하는 옛날이야기엔 인신공양이라는 테마가 자주 등장한다. 심청은 공양미 3백 석에 팔려 용왕의 제물이 되었으며, 신라의 공장 □ 일전은 에밀레종을 완성하기 위해서 조카딸을 쇳물에 던져야 했다. 트로이 전쟁의 영웅 아가멤논은 전쟁에서 승리하기 위해 사랑하는 딸을 여신에게 공물로 바쳤다. 우리는 이러한 인신공양이 허구적 이야기만은 아니었다는 것을 알고 있다. 아즈텍 문명은 끔찍한 피의 제사를 즐겼다. 제사장들이 생사람을 잡아 가슴을 도려낸 다음 심장을 꺼내 태양신에게 제물로 바쳤던 것이다.

이와 같이 우주의 지배자였던 신을 폐위하고 인간 스스로가 우주의 주인이라 선포함으로써 휴머니즘의 시대가 도래하였다. 이제 인간이 가치의 척도가 되었고, 지구의 모든 동식물은 인간의 행복과 복지를 위해서 존재하는 것으로 간주되었다. 바다와 숲, 바위, 땅속의 광물에게도 인간이 마음껏 착취해도 좋은 '자연 자원'이라는 이름이 주어졌다. 자신의 행복과 안위를 위해 인간은 그런 자연 자원을 이용해서 기계를 만들고, 로봇을 만들고 또 컴퓨터를 발명하였다.

그런데 20세기 중후반에 이처럼 자연 자원으로 진수성찬을 차렸던 잔치가 끝났다. 생태계의 위기가 도래하였기 때문이었다. 그러면서 인간은 우주의 주인이 아니라 생태계의 일부라는 사실이 점차 분명해지기 시작했다. 인간과 동물, 기계의 엄격한 구별도 너무나 인간중심주의적이었다는 인식 역시 확산되기 시작하였다. 포스트휴머니즘은, 인간 이전이나 이후라는 역사적 의미가 아니라 인간이 우주의 중심이라는 세계관의 쇠퇴와 종말을 의미한다.

인간중심적 휴머니즘의
더하기와 뺄셈

우리는 휴머니즘이 고상한 이념이라는 교육을 받으면서 성장하였다. 링컨의 유명한 민주주의 정의, "국민의, 국민을 위한, 국민에 의한 정치"가 곧 휴머니즘의 본질이 아닌가. 우리가 가족과 이웃, 조국, 크게는 세계의 평화와 행복을 위해 살지 않는다면 대체 무엇을 위해서 사는 것일까?

오비디우스의 《변신이야기》에는 인간에 관한 흥미로운 정의가 있다. 그는 인간의 본질을 하늘을 바라보는 존재로서 규정하였다. 지구상에는 수많은 동물들이 있지만 오로지 인간만이 직립보행을 하기 때문에 눈을 들어 하늘을 바라볼 수 있다. 땅바닥을 보며 사는 형이하학적 동물과 달리 인간은 형이상학적 존재라는 것이다. 이와 같은 우월성이 없었더라면 인간은 동물을 지배할 수 없었을 터이다. 성서의 《창세기》도 인간을 만물의 영장으로 보았다. 천지를 창조한 신이 인간에게 동식물을 보살피고 지배할 수 있는 권한을 부여하였던 것이다. 인간은 지배하는 자이지 지배를 당하는 자가 아니다.

인본주의가 좋다는 것을 알기 위해 굳이 책을 볼 필요는 없다. 나와 가장 가까운 존재는 가족이다. 가족을 구하기 위해서는 생명을 내놓을 수도 있다. 이러한 가족의 범위가 더욱 확대되면 나중에는 인간 공동체로 발전한다.

그러나 인본주의의 본질이 "이웃을 사랑하라"나 "남에게 대접을 받기 원하는 만큼 남에게 베풀어라"와 같은 윤리적 명령에 있지는 않다. 물론 그런 윤리적 요구와 전적으로 무관하지는 않겠지만 말이다. 그런데 이런 질문을 피할 수가 없다. 과연 돌보고 보살펴야 할 이웃은 누구인가? 팔이 안으로 굽는다는 말이 있듯, 이웃을 챙기기 전에 우리는 자기와 가족을 먼저 챙긴다. 이것은 자연의 법칙인 듯이 보인다. 그렇지만 이웃을 무시하고 가족만을 챙긴다면 가족이기주의가 된다. 가족이기주의는 조국만을 배타적으로 사랑하는 자민족중심주의로 발전할 수 있다. 이와 같이 보살피고 배려해야 할 범주는 고무줄처럼 늘어날 수도 있고 줄어들 수도 있다. 나에서 가족으로, 가족에서 민족, 민족에서 인종으로 범위가 확대되다 보면 나중에는 인류 전체가 된다. 이것이 인본주의다. 물론 인간 가족에는 동식물이 포함되지 않는다.

돌보고 보살펴야 하는 존재의 범위를 확대할 수도, 축소할 수도 있다는 사실이 의미하는 것은 무엇인가? 그것은 포함과 배제의 메커니즘이다. 포함되는 것이 있으면 배제되는 것도 있다. 양자는 동전의 양면처럼 떼어놓을 수가 없는 것이다. 가족이기주의는 가족 이외의 다른 모든 사람을 배려해야 할 대상으로 삼지 않는다. 인종차별주의는 타 인종을 자기와 같은 인간의 범주에 포함시키지 않는다. 과거에 일부 남자들만이 인간으로서의 자격과 권리를 누렸던 적이 있었다.

이와 같은 포함과 배제의 논리는 지극히 비인간적이다. 인본주의의 역사도 이러한 포함과 배제의 논리에서 벗어나 있지 않다. 르네상스 이후 19세기 말까지 유럽의 백인들은 자기네들이 세상에서 지적·신체적으로 가장 뛰어난 존재라고 생각하였다. 그것으로도 모자라 아프리카 흑인들은 아예 인간으로 인정하지도 않았다. 아무런 거리낌이나 죄의식 없이 흑인들을 경매시장에서 가축처럼 사고팔았다. 인본주의의 세례를 받았던 백인들이 어떻게 그렇게 비인간적일 수 있었을까 하는 의문이 들 것이다. 그들은 인간의 이름으로 인간을 억압하고 착취하였다.

인간중심주의의 '인간'은 지극히 의심스러운 개념이다. 사람의 범주가 고무줄처럼 임의적으로 늘어나기도 하고 줄어들기도 하기 때문이다. "사람이라고 해서 다 사람이 아니다. 사람다워야 사람이다"는 말이 있다. 사람 대우, 사람 대접, 사람 값이라는 말도 있다. 그런데 사람다움이란 무엇일까? 인간중심주의가 지향하는 바람직한 인간은 합리적이고 이성적인 사람이었다. 너무 감정에 치우친 사람은 미성숙한 자로 규정되어 무시당했다. 이성적 사유가 인간다움이냐는 질문이 있을 수 있겠지만, '사람다워야 사람'이라는 말도 배제의 논리로 작동할 수 있다. 사람다운 사람과 그렇지 못한 사람으로 사람이 이분화되기 때문이다.

이러한 반문이 있을 수도 있겠다. 인간중심주의 역사가 어찌되었든 이념으로서 인간중심주의는 바람직하지 않은가? 인간의 이름으로 인간을 억압하고 차별했던 과거의 사례들은 다만 인간중심주의의 오용이나 왜곡을 증명할 따름이지 않은가. 진정한 의미의 인간중심주의는 그러한 억압과 차별이 없는 보편적 인간애를 지향하지 않은가. 그렇다면 인간중심주의를 폐기할 것이 아니라 더욱 완벽을 기해야 하지 않을까?

그런데 존재를 인간과 비인간으로 구분하는 인간중심주의 세계관이 과연 바람직한 것일까? 국적과 인종, 성별, 빈부를 불문하고 지구의 모든 사람들이 예외 없이 '사람 대우'와 '사람 대접'을 받는 세상이 실현됐다고 가정하자. 이러한 세상을 구현하는 것이 인류의 목표가 될 수 있을까? 인간의 행복과 안녕을 위해서 비인간을 마음껏 이용해도 좋은 것일까? 아니 인간중심주의가 생각하듯이 인간과 비인간이 정말 확실하게 다른 것일까?

인간중심주의는 인간과 비인간의 절대적 차이를 전제하고 있다. 인간은 질적으로 동물과 다르다는 것이다. 그러나 다윈이 진화론을 발표한 이후 그러한 주장은 점점 효력을 잃어갔다. 오늘날의 인간은 호모 사피엔스 사피엔스, 슬기롭고 슬기로운 인간이다. 현생 인류는 호모 사피엔스Homo sapiens의 아종亞種으로 약 4~5만 년 전에 출현하였다.

인간이 동물과 본질적으로 다른 존재라고 믿는 사람들은 지금 인간의 모습은 과거에도 그랬고 앞으로도 그러할 것이라고 믿고 있다. 진화론을 인정하지 않는 것이다. 미국에는 지금도 진화론 수업을 거부하는 중고등학교가 적지 않다. 그러나 진화론은 그러한 본질적 차이나 인간의 영원불변성이라는 개념 자체를 수용하지 않는다. 다른 동식물과 마찬가지로 인간도 계속해서 변화하고 진화하는 존재이기 때문이다. 인류학과 고생물학에 따르면 500만 년 전에 지구상에는 현생 인류는 물론이고 호모 족도 존재하지 않았다. 인류 종homo으로 진화하기 이전의 침팬지나 고릴라와 같은 영장류primate만이 살고 있었다.

현생 인류의 조상인 호모 사피엔스는 약 20만 년 전에 지구상에 처음으로 모습을 드러냈다. 당시에는 네안데르탈인이나 호모 에렉

투스도 호모 사피엔스와 공존하고 있었다. 그러다가 기원전 3만 년 경에 호모 사피엔스가 다른 인류 종을 제거하고 지구의 패권을 장악하게 되었다. 이러한 사실이 의미하는 것은 무엇인가? 완벽하며 창조되고 변치 않는 생명체는 존재하지 않는다. 생명체는 진화의 과정, '되기'의 과정에 있다. 현생 인류도 인류 족의 최종적 완성품이 아니다. 더불어 인간과 다른 존재의 차이는 휴머니스트의 생각처럼 그렇게 크지 않다. 최근에는 유전공학이 인간과 동물의 차이를 규명하는 작업에 가세했다. 유전자의 판독을 통해서 과거의 어느 때보다 정확하게 인간과 동물의 차이가 밝혀지기 시작한 것이다. 인간의 유전자 구조는 침팬지와 98% 이상이 동일하다. 재레드 다이아몬드는 자신의 책을 통해 인간이 제3의 침팬지에 지나지 않는다고 주장하였다.

인간과 원숭이가 동일한 조상의 후손이라는 사실은 썩 유쾌한 이야기가 아니다. 그러나 싫다고 해서 사실이 바뀌지는 않는다. 우리의 생각만큼 인간이 다른 동물과 크게 다르지 않은 것이다. 물론 2%의 차이는 결코 작은 차이가 아니다. 하지만 그 2%의 차이가 인간을 만물의 영장으로, 지구의 중심으로 만들었다. 그러니 대단한 차이가 아니겠는가! 더구나 시간이 흐르면서 그 차이는 더욱 크게 벌어지고 있지 않은가.

인간중심주의는 인간의 행복과 복지에 최대의 가치를 둔다. 이때 행복은 욕망의 만족이다. 어떻게 우리가 욕망을 충족할 수 있었을까? 우리의 욕망을 충족시키는 수단이자 재료가 자연 자원이었다. 그리고 인류 문명의 역사는 자연을 정복하고 길들이고 변형하는 과정이었다. 산에서 나무를 베어 땔감으로 쓰고, 그래도 양이 차지 않으면 산을 허물어서 농지로 만들고, 농사에 방해가 되는 해충이나 식물은 농약으로 제거하였다. 땅을 뚫어 광맥을 찾아내고 석탄을 캐고 유전을 개발하였다. 어차피 자연은 인간을 위해서 존재하지 않는가.

자연의 정복자에서 수평적 차이와 변형으로

인간은 있는 그대로의 자연을 좋아하지 않았다. 살기에 좋게 자연을 변형시키고, 도구와 무기를 만들었다. 인간의 손에서 자연은 농기구와 무기, 기계가 되었다. 산에서 채굴한 금속들은 칼과 창이 되고, 호미와 쟁기가 되었으며, 엔진과 자동차, 기차, 비행기가 되었다. 20세기 중후반에는 컴퓨터가 되고 인공지능이 되었다. 우리의 자신의 욕망을 더욱 효율적이며 빠르고 완벽하게 만족시키기 위해서 자연을 기계로 만들었던 것이다. 그렇게 자연이 기계화되는 과정에서, 이세돌을 가볍게 물리쳤던 알파고도 출현하였다.

그러나 자연이 기계로만 바뀌었다고 생각하면 안 된다. 동물도 '인간적'으로 변형되었다. 인간의 손을 거치면서 늑대는 강아지로, 들쥐와 파리는 실험용 쥐와 초파리로, 그리고 실험용 쥐와 초파리는 유전자조작을 통해 머리 좋고 수명도 연장된 쥐와 초파리가 되었다. 귀가 등에 붙은 쥐도 생겨났다. 포스트 쥐, 포스트 초파리다. 그러더니 급기야 짝짓기도 없이, 정자와 난자의 수정도 없이 복제 양 돌리가 탄생했다. 인간의 행복을 위해서 이러한 모든 과학적 발전이 이루어졌다.

그런데 바뀐 것이 자연과 동물뿐일까? 인간이 자연을 일방적으로 바꾸기만 하고 스스로는 바뀌지 않고 예전의 모습 그대로 있을까? 물론 그렇지 않다. 스스로 문명화되지 않으면 자연을 문명으로 만들 수 없다. 맨 주먹으로 싸우던 사람이 칼이나 총을 가지고 싸운다고 하자. 그는 주먹으로 싸우는 자세와 동작으로 칼과 총을 사용할 수 없다. 그는 검술과 사격술에 적합하도록 자세와 동작, 체형, 순발력, 공간 감각 등을 바꾸지 않으면 안 된다. 단지 손에 검을 들고 있다고 해서 검객이 되지는 않는다. 자신의 몸을 검의 사용에 적합하도록 바꾸지 않으면 안 된다. 도구와 도구를 사용하는 인간은 상호작용을 한다. 쟁기를 들고 땅을 파면 손에 괭이가 박히고 몸에 근육이 생긴다. 쟁기질이 몸을 그렇게 변형시키는 것이다. 마찬가지로 한지에 붓으로 글을 쓰는 사람과 컴퓨터 자판을 두드리는 사람의 몸은 동일하지 않다. 전자는 붓글씨로 길들여진 몸을, 후자는 타이핑으로 길들여진 몸을 가지고 있다. 인간이 타자기를 만들지만 타자기도 인간을 타자기처럼 만든다. 스스로 타자기처럼 되지 않고 어떻게 타자기를 사용할 수 있겠는가.

괭이와 붓, 총, 컴퓨터는 인간이 만든 기계다. 그러한 문명의 이기를 만들 수 있었던 인간의 지적 능력은 아무리 높이 평가해도 지나치지 않는다. 심지어 달나라까지 정복하지 않았던가. 호모 사피엔스사피엔스, 글자 그대로 지혜롭고 지혜로운 인간이다. 그러나 자신의 승리에 도취된 나머지 '자연을 변형하는 과정에서 자신도 변형되었다'는 사실을 간과하지는 말아야 한다. 컴퓨터와 인공지능, 기계를 사용하면서 변형된 인간이 포스트휴먼이 아니라면 무엇이란 말인가.

지금으로부터 150년 전에는 책상이 필요하면 사람들은 톱을 들고 산으로 갔다. 나무를 자르면서 햇볕에 얼굴이 타고 팔에는 울퉁불퉁한 근육도 생겼다. 그러나 산업화된 이후로는 책상을 얻기 위해 산으로 갈 필요가 없게 되었다. 가구점에 가는 것으로 충분했다. 얼굴이 타거나 팔에 근육이 생기지도 않았다. 지금은 어떠한가? 산으로 가고 싶어도 갈 수가 없다. 산에서 나무를 베면 산림훼손 죄로 처벌을 받는다. 이제 가구점에도 갈 필요가 없다. 인터넷으로 주문하는 것으로 충분하다. 과거에 톱질하던 손이 인터넷을 검색하는 손으로 바뀐 것이다.

현대 사회는 유전공학의 시대, 뇌과학의 시대라고 말해도 과언이 아니다. 유전자를 변형함으로써 등에 귀가 달린 쥐를 만들 수 있으며, 체세포만 있으면 말이나 양과 같은 동물도 복제할 수가 있다. 바둑에서 이세돌을 격파한 인공지능도 출현하였다. 이러한 변화에도 불구하고 인간은 변치 않고 예전의 모습 그대로 머무를 수 있을까? 과학자들이 단순히 지적 호기심에서 유전자를 조작하고 체세포를 복제하며 인공지능을 개발하는 것은 아니다. 쥐의 유전자를 변형할 수 있다면 인간도 그렇게 할 수 있다는 말이 된다. 유전자를 조작해 인간의 수명을 연장하고 지능도 더욱 향상시킬 수 있다. 1996년에 세계 최초로 복제 양 돌리가 태어났다. 이제 짝짓기가 필요 없는 '무성생식'도 가능하게 된 것이다. 인공지능은 어떠한가. 머지않아 인간도 인공지능화되리라 예측되고 있다.

인간중심주의란 무엇인가? 그것은 인간이 우주의 중심이라는 관념이다. 인간의 행복을 위해 우주를 정복하고 지배하며 또 인간을 위해 조작할 수도 있다는 관념, 그것이 바로 인간중심주의다. 인간은 산을 개간해서 밭을 만들고 지하를 정복해서 석유를 파냈고, 금속으로 기차와 자동차와 같은 기계를 만들었다. 인간의 편리를 위해 스스로 알아서 일을 해주는 자동기계를 만들었고 또 계산하고 생각하는 수고를 덜기 위해 컴퓨터와 인공지능도 만들었다.

휴머니즘의 시효는 다했다

인간중심주의는 인간을 기준으로 세상을 바라본다. 인간은 이성적 존재로서 특권적 존재다. 인간의 바깥, 비인간은 무가치와 동의어나 마찬가지다. 만약 그러한 비인간이 만물의 영장으로서 인간의 지위를 위협한다면 가차 없이 제거되어야 한다. 인간은 우주의 지배자이기 때문이다.

지배자로서 인간은 자신의 지배력이 약화될지 모른다는 불안감을 가지고 있다. 그러한 불안을 잠재우기 위해서 온갖 도구와 기계를 만들었다. 심지어 인공지능까지 만들었다. 인간의 연산능력을 뛰어넘은 슈퍼 인공지능도 등장하였다. 과학자들이 왜 로봇의 개발에 매달리고 있을까? 그것도 인간을 닮은 로봇을 만들기 위해 고심하고 있을까? 이유는 분명하다. 로봇을 노예처럼 부리기 위해서다.

일은 로봇이 하고 인간은 그 열매만 거두면 된다. 유전자조작을 통해 쥐의 수명을 연장하는 실험을 하는 이유도 분명하다. 인간의 수명을 연장하기 위해서이다. 침팬지와 돼지에게 인공 심장을 이식하는 실험도 심장질환을 가진 인간을 치유하기 위해서이다. 최근에는 이탈리아의 신경외과 의사 세르지오 카나베로가 쥐와 강아지, 원숭이의 머리를 절단해서 다른 쥐와 강아지, 원숭이의 몸통에 이식하는 수술에 성공하였다. 이러한 동물 실험으로 자신을 얻은 그는 올해 말에 하체 불구인 러시아 남자의 머리를 뇌사한 사람의 몸통에 이식할 것이라는 대담한 계획을 발표하였다.

현대의 과학기술은 과거의 어느 때보다도 지구를 인간중심적으로 바꾸어놓았다. 자연은 '그대로 있음[自然]'이 아니다. 인간을 위해서 존재한다. 이처럼 자연을 문명화하기 이전에 인간은 자연의 노예나 마찬가지였다. 종일 죽어라 일해도 끼니를 때우기 어려웠으며, 나물을 캐러 산에 갔다 호랑이에게 물려죽는 일도 잦았다. 흑사병이 휩쓸고 지나간 자리에는 시체가 낙엽더미처럼 쌓여있었다. 자연의 폭력에 속수무책이던 지구에서 인간은 우주의 중심으로 자처할 수 없었다. 또한 인간의 처지가 다른 동물들보다 낫지도 않았다.

인간이 우주의 중심이 아니던 세상에서 휴머니즘은 해방과 복음의 메시지였다. 인간은 비참하고 열악한 자연 조건에서 벗어나야 했다. 17세기 프랑스의 라 브뤼에르는, 햇빛에 타고 일하느라 등이 굽은 농부들이 멀리서 보면 짐승처럼 보인다고 말했다. 구한말에 조선을 방문한 외국의 여행자들도 조선의 노동자들을 보고 그러한 인상을 받았다. 이것은 지나친 과장이 아니었다. 굶어죽지 않기 위해서

논밭에서 일하던 농부들은 마흔이 되기도 전에 허리 굽은 할아버지가 되었고, 여자들은 계속되는 임신과 출산, 가사노동으로 서른 살이면 할머니처럼 보였다. 생각해보라. 고대 그리스 사회의 기대수명은 18세, 로마의 평균 수명은 25세에 지나지 않았다. 그리고 힘없는 빈민들은 최소한의 인간적인 대접을 받지도 못했다. 로마의 콜로세움에서는 피의 축제가 끊이지 않았다. 관객들은 사자와 대결해 싸우다가 몸이 걸레처럼 찢긴 채 죽어가는 검투사의 모습을 보고서 환호성을 질렀다. 이러한 시대에 휴머니즘은 해방의 메시지였다.

그러나 이제 휴머니즘의 시효는 지났다. 자연은 완벽하게 정복되었다. 과거에 맹수의 서식지였던 산은 등산객의 놀이 공원이 되었다. 그 많던 동물들이 멸종하였지만 인간의 수명과 인구는 기하급수적으로 늘어났다. 세종 때 300만 명에 지나지 않았던 인구가 숙종 때에는 680만 명이더니 지금은 남북한 7,000만 명에 이른다. 평균 수명도 남한은 80세가 되었다. 칠십이 넘은 노인도 조선시대의 30대 농민보다 더 건강할 정도다. 18세기 조선의 선비가 현재의 서울에 와본다면 신천지가 열렸다고 감탄할 것이다.

인간이 자연을 정복하지 않았더라면 지구가 이렇게 인간중심적이 되지는 않았을 것이다. 자연의 정복이 완료된 현재의 시점에서 인간은 축배를 들어야 하는 것일까? 그렇지 않다. 술잔을 들어 건배하기도 전에 인류는, 완벽하게 정복당했던 자연이 인간에게 복수하기 시작했다는 사실을 깨닫게 되었다. 인간에게 단물이 빨린 자연은 거친 숨을 내쉬며 몸살을 앓고 있다. 생태계가 급격하게 망가지고 있다. 지나친 에너지의 소모로 대기가 오염되고 지구 온난화가 가속화되고 있으며, 북극 빙하가 녹아서 해수면이 상승하고 있다. 인간에게 서식지를 빼앗긴 온갖 동식물들이 멸종하고 있다. 머지않아 침팬지와 같은 유인원은 지구상에서 자취를 감출 것이라고 한다.

만물의 영장으로 군림하던 동안 인간은 자신이 그러한 만물의 하나라는 사실을 잊고 있었다. 자연을 정복하면서 자신도 정복되고 있다는 사실을 깨닫지 못하였다. 그렇지만 호모 사피엔스 사피엔스는 침팬지와 같은 영장류의 하나이고 네안데르탈인과 같은 인류 종에 속한다. 그리고 인간은 초파리와 75%, 식물인 바나나와도 60%의 유전자를 공유하고 있다. 이것이 의미하는 것은 무엇인가? 지구에서 초파리나 바나나가 전멸하면 인간이 멸종할 확률도 그만큼 커진다는 것이다. 그렇지 않다면 정부가 멸종된 토종 야생동물의 복원을 위해서 막대한 예산을 투자할 이유가 없을 것이다. 자연의 인과의 사슬에 인간도 맞물려 있는 것이다. 이처럼 휴머니즘의 시효가 지난 지금, 그것은 인류 종만을 중시하는 종중심주의specism에 지나지 않는다.

현생 인류의 생물학적 능력을 뛰어넘는 초인간, 현재 기준의 인간으로 분류될 수 없는 포스트휴먼은 변화하는 진행형이다. 그렇다면 포스트휴머니즘은 무엇인가? 그것은 인간중심주의를 거부하고 그것의 종말을 기꺼이 인정하는 입장이다. 인간을 정점으로 서열을 매겼던 종차별주의를 포기하는 것이다. 인간과 비인간 사이의 위계적 차이를 철폐하는 것이다. 물론 인간과 쥐, 강아지, 로봇 사이에는 엄연한 차이가 있다. 그렇지만 포스트휴머니즘은 그러한 차이를 위계적 차이로 발전시키지 않는다.

포스트휴머니즘에는 여러 갈래가 있다. 그것을 전부 소개하는 것은 지면도 모자라거니와 커다란 의미도 없다. 이해를 돕기 위해서 반휴머니즘antihumanism과 트랜스휴머니즘의 내용을 간단히 요약하는 것으로 만족하기로 한다. 그 이름에서 짐작할 수 있듯이 반휴머니즘은 전통적인 휴머니즘을 비판하고 그것의 극복을 모색하는 철학적 흐름이다. 인간이나 주체성과 같은 개념에 대한 근본적인 반성이 필요하다는 것이다. 이러한 반휴머니즘과는 정면으로 대립되는 지점에 트랜스휴머니즘이 있다. 그것은 휴머니즘의 비판이 아니라 휴머니즘의 강화를 추구한다. 기술과학의 힘을 빌려 인간의 지적이고 신체적이며 심리적인 약점을 보완하려는 실용주의적 관점이다. 동물처럼 노화와 질병, 죽음에 노출된 인간의 조건을 획기적으로 개선하자는 것이다. 이 점에서 반휴머니즘과 달리 트랜스휴머니즘은 인공지능과 같은 최첨단 과학기술의 적극적 활용을 꾀하고 있다.[1]

필자가 생각하는 포스트휴머니즘은 자신이 기계와 절대적으로 다르다는 인간의 특권의식을 포기하고 인간과 기계의 공존을 모색하는 입장이다. 이러한 포스트휴머니즘은 인간은 처음부터 부분적으로 기계였다는 사실을 강조한다. 손도끼나 낚시와 같은 도구도 초기 단계의 기계였다고 말할 수 있기 때문이다. 우리말 기계에는 器械와 機械 두 개의 한자어가 있다. 〈네이버사전〉에 따르면 전자는

---

[1] 마이클 샌델Michael Sandel과 마사 너스바움Martha Nussbaum도 그런 주장에는 동조할 것이다. 하지만 그들은 인간이 만물의 영장이라는 지위를 포기하지는 않는다. 그들의 주장과 전통적 휴머니즘 사이에 차이가 있다면, 만물의 영장으로서 만물을 보살펴야 하는 인간의 도덕적 '책임'을 강조한다는 점에 있다.

"연장, 연모, 그릇, 기구" 따위를 통칭하는 말이라면 후자는 "동력을 써서 움직이거나 일을 하는 장치"다. 삽이나 망치와 같은 연장이 전자라면 증기기관과 같이 동력으로 움직이는 장치가 후자다. 그렇다면 器械에서 한 단계 더욱 발전한 형태가 機械라고 할 수 있다. 반대로 機械의 초기 형태를 器械로 이해해도 좋다. 삽과 쟁기가 연장이라면 포클레인은 기계다. 포클레인이 삽과 쟁기의 미래라면 포클레인은 삽과 쟁기의 과거라고 말할 수 있을 것이다.

인간이 과연 처음부터 부분적으로 기계였을까? 그렇다면 쇠로 만들어진 삽과 쟁기의 과거는 무엇으로 소급해갈 수 있을까? 삽이나 쟁기와 같은 농사 도구는 철기시대부터 사용되기 시작하였다. 우리는 철기시대 이전에 신석기, 구석기 시대가 있었다는 사실을 알고 있다. 인류학자들은 기원전 70만 년 전 구석기인들도, 소박하기는 하지만 도구와 연장을 사용했다고 주장한다. 그들은 주위에 널려있는 돌조각을 가지고 도끼나 칼처럼 사용했다고 한다. 그것으로 짐승의 껍질을 벗기거나 부위별로 자르기도 했다. 불을 사용하고 움막집을 지었던 것도 구석기 시대였다.

유대인의 에덴동산이나 고대 그리스의 황금시대와 같은 창조신화에 따르면 태초에 인간은 도구가 필요하지 않았다. 날씨는 계절의 변화 없이 언제나 온화해 집이나 의복이 필요하지 않았으며, 도처의 과실나무에는 맛있고 탐스런 열매들이 주렁주렁 달려있었다. 과일에 손이 닿지 않아서 막대기를 사용할 필요도 없었다. 하지만 황금시대 이야기는 어디까지나 신화일 따름이다. 굶주리지 않고 살기 위해서 구석기인들도 하루 종일 채집을 하고 수렵을 해야 했다. 다른 동물처럼 날카로운 발톱이 없었던 그들은 하다못해 손에 돌멩이나 나뭇가지라도 쥐고 있어야 했다. 추위를 피하기 위해서는 짐승 가죽이라도 걸쳐야 했다. 처음부터 인간은 도구인, 즉 호모 파베르였다.

인류에게 도구는 있으면 편하지만 없어도 무방한 선택사항이 아니다. 그것은 삶의 필수조건이었다. 도구가 없으면 인간의 생존은 불가능하다. 그것은 음식과 같은 의미에서 삶의 필수품이었다. 뗀석기와 같은 도구는, 자연과 본질적으로 다른 문명의 이기가 아니라 자연 그 자체였다. 자연 그 자체가 도구가 되고 기계가 되었던 것이다.

인간은 처음부터 혼종인 사이보그였다

인간은 처음부터 사이보그였다. 진화의 첫 발걸음부터 인간은 기계와 더불어 삶을 시작했기 때문이다. 사이보그라는 말이 귀에 거슬릴 수도 있다. 그렇지만 그것은 의심의 여지가 없는 기정사실이다.

인공두뇌로 번역되는 사이버네틱cybernetic은 어원적으로 인간의 지적 활동을 돕는 모든 도구를 망라하고 있다. 인공지능의 개척자인 노버트 위너Norbert Wiener는 이 단어를 그리스어 노 젓는 사람kybernetes에서 가져왔는데, 이 단어와 유기체organism라는 단어가 결합되어 사이보그cyborg, cybernetic organism라는 신조어가 만들어졌다. 노 젓는 사람이 사이보그라면 의족이나 의수를 한 사람은 물론 쟁기질이나 톱질을 하는 사람, 보청기를 끼거나 안경을 쓴 사람도 사이보그다. 영화에 나오는 로보캅이나 아이언맨만 사이보그인 것은 아니다.

가장 잘 알려진 사이보그로 천재 물리학자 스티븐 호킹이 있다. 그는 기계와 접속하지 않으면 하루도 생존할 수 없다. 그러나 그를 사이보그라고 부르지 않는다. 그 말에는 순수 인간이 아니라 혼종이라는 썩 기분 좋이 않은, 심하게는 '너는 인간도 아니야'라는 경멸적 어감이 섞여 있다. 왜 혼종적 인간이 경멸의 대상이 되었을까? 그것이 무엇인지 따져보기도 전에 왜 먼저 모멸감이 느껴지는 것일까? 그러한 감정의 배후에는 인간우월주의적 편견이 자리 잡고 있다. 이러한 편견은 자민족중심주의나 인종차별주의와 다르지 않다.

20세기 중후반까지도 인종차별적인 백인들은 순수한 혈통의 백인이 최고라고 생각했다. 흑인은 물론이고 흑인과 한 방울이라도 피가 섞인 혼혈인은 사람 대접을 해주지 않았으며, 혼혈생식은 인류의 퇴화를 초래하는 악으로 간주하였다. 자신에 대한 무지에서 비롯된 편견이었다. 현생 인류 가운데 순수한 혈통을 가진 사람은 존재하지 않는다. 원래 인류의 조상은 아프리카에서 살았다. 그리고 5만 년 전에 세계 각지로 흩어지기 시작하였다. 흑인과 백인의 조상을 찾아 과거로 거슬러 올라가면 아프리카의 인류 족이라는 사실이 드러난다. 순수한 혈통은 허구에 지나지 않는다.

고대 그리스인들은 자유로운 상상의 세계에서 수많은 혼성체, 하이브리드를 만들어냈다. 유명한 미노타우로스는 황소와 사랑에 빠진 파시파에 왕비가 출산한 반인반수의 존재다. 신기하게도 깨어 있으면 괴물이지만 잠이 들면 사람으로 모습이 바뀐다. 켄타우로스도

기계를 통해 버락 오바마 전 대통령과 대화 중인 스티븐 호킹 ⓒ Pete Souza

반인반수의 존재다. 테살리아 왕과 구름 님페 사이에서 출생한 그는 상체는 사람이고 하체는 말이다. 그뿐 아니라 사티로스도 반인반수다. 따지고 보면 올림푸스의 신들 모두가 사이보그적 존재였다. 우리는 손에 번개 창을 쥐고 있지 않은 제우스를 생각할 수 없다. 삼지창이 없는 포세이돈도 상상할 수 없다.

〈스타워즈〉와 같은 SF영화의 혼성적 존재들이 이미 고대 그리스인의 상상 속에 존재하였다. 신의 왕이라 일컬어지는 제우스는 황소와 백조의 몸으로 변신한 다음에 아름다운 여인들을 범했다. 고대 그리스만이 그러했던가? 고조선을 세운 단군은 신의 아들 환웅과 곰 사이에서 태어난 자였다. 중국의 시조였던 삼황인 복희와 여와는 사람의 머리에 뱀의 몸을, 신농은 소의 머리에 인간의 몸을 가지고 있었다. 중국 신화에서 용은 땅의 원리이며 몸의 원리였다.

이러한 신화의 세계가 무엇을 말해주는가? 창조설화와 건국설화는 포스트휴먼적 세계였다. 인간을 포함한 동식물이 공존했던 세계, 순혈의 세계가 아니라 혼혈과 잡종의 세계였다. 그런 혼종 세계를 휴머니즘은 한편으로 인간, 다른 한편으로 비인간으로 갈라놓은 것이다.

인류 진보의 역사는 인간과 비인간, 문화와 자연을 구분함으로써 시작되었다. 이른바 우월한 인간이 열등한 비인간을 정복하는 역사였던 것이다. 휴머니즘이란 무엇인가? 그것은 인간이라는 종이 비인간 위에 군림하면서 비인간을 지배하기 위한 이념이다. 휴머니스트는 자신을 자연의 일부로 생각하지 않는다. 자연을 초월하는 특권적 존재라고 생각하는 것이다. 인간이 주체라면 자연은 대상이자 자원에 지나지 않는다. 이렇게 타자화된 자연은 인간의 욕망을 충족하기 위한 수단이 되었다. 그리고 극히 최근까지도 인간은 자신이 자연이 아니라는 달콤한 꿈에 취할 수 있었다.

인간과 기계는
공진화하면서 함께 변화한다

휴머니즘은 인간을 특권적 존재로 만들기 위해서 자연을 타자화하였다. 그리고 인간의 탈역사적이고 초자연적인 본질을 강조한다. 자신은 자연을 초월하는 존재이기 때문에 자연이 고갈되고 동식물이 멸종해도 인간은 여전히 인간이라고 생각한다. 반면에 포스트휴머니즘은 인간도 자연이라는 인식론적 전환과 더불어 시작한다. 자연의 변화는 곧 인간의 변화라고 생각하는 것이다.

포스트휴머니즘은 자연을 문명화하는 과정에서 인간도 변화하고 있다는 사실을 흔쾌히 받아들인다. 인간과 자연의 관계는 일방적이지 않다. 쌍방적으로 영향을 주고받는 것이다. 예를 들어 인간은 야성적인 늑대를 길들여 가축으로 만들었다. 늑대만이 야성을 잃었던 것은 아니다. 일찍이 야성적이었던 인간도 늑대를 가축화하는 과정에서 예전의 야성을 잃고서 가축화(즉 문화화)되었다. 그뿐만이 아니다. 인간은 자연을 가공해서 기계로 만들었다. 그리고 그러한 기계를 사용하면서 인간도 기계화되기 시작하였다. 이른바 공진화하는 것이다. 컴퓨터는 대단히 편리하고 유용한 기계이다. 그렇지만 컴퓨터를 사용하기 전의 인간과 후의 인간은 동일하지 않다. 컴퓨터를 제대로 사용하기 위해서는 인간도 컴퓨터처럼 변하지 않으면 안 되는 것이다.

자연이 변화하면 인간도 동시에 변화한다. 이처럼 인간과 자연이 공진화하고 있다는 사실은 포스트휴머니즘의 중요한 통찰의 하나이다. 개인적인 예를 들기로 하자. 나는 안경을 쓰고 생활한다. 안경을 쓰지 않으면 세상이 갑자기 흐릿하고 희미해지게 된다. 반갑게 인사하는 동료를 모르고 지나치고, 계단을 잘못 밟아서 넘어지며 버스 번호판을 읽지 못해서 버스를 놓치기 일쑤다. 안경을 쓰지 않은 나는 불구자나 마찬가지다. 안경을 벗으면 내가 변하고 세상의 모습도 달라진다. 안경을 벗은 나와 안경을 쓴 나는 동일한 인간이 아니다. 언제나 똑같이 A라는 사람이 안경 B를 쓰고 벗는 것이 아니다. 안경 B는 여전히 B인지 모른다. 그렇지만 안경을 벗은 A는 a가 된다. 안경을 쓰면 나도 '안경적'으로 변하는 것이다. 마찬가지로 돌도 끼로 나무를 찍던 사람에게 전기톱이 주어지면 그는 더 이상 이전의 돌도끼로 나무를 찍던 사람이 아니다. 돌도끼가 전기톱으로 바뀌는 과정에서 그도 기술자로 바뀐 것이다.

땅에 있던 돌은 그냥 돌이다. 그러나 내 손에 쥐는 순간에 그것은 나의 돌이 된다. 그리고 나는 돌처럼 바뀌기 시작한다. 돌이 나의 자세와 근육, 숨결, 생각을 바꿔놓는다. 그렇게 돌이 나를 바꿔놓지 않으면 나는 돌을 제대로 사용할 수 없다. 돌과 나 사이에 상호 작용의 결과 나는 돌과 같은 stony 나가 되고, 돌은 나와 같은 인간적 돌이 된다. 내가 그전의 내가 아니듯이 돌은 그전의 돌이 아니다. 그것은 나와 마찬가지로 인격을 가지기 시작한다.

포스트휴머니즘과 트랜스휴머니즘은 어떻게 다른가?

포스트휴머니즘을 트랜스휴머니즘과 혼동하기 쉽다. 양자를 구별하지 않고서 사용하는 사람도 있으며, 굳이 구별할 필요가 없다고 주장하는 사람들도 있다. 그러나 양자 사이의 차이를 간과하지 말아야 한다. 작은 차이가 아니라 엄청난 입장의 차이가 있기 때문이다. 트랜스휴머니즘이 지극히 휴머니즘 적이라면 포스트휴머니즘은 휴머니즘에 대해서 지극히 비판적이 다. 트랜스휴머니즘은 과학기술로 무장한 휴머니즘, 일종의 슈퍼맨 프로젝트라고 말해도 좋다. 유전공학이나 인공지능과 같은 최첨단 기술을 빌려 인간은 과거와는 비교가 되지 않을 정도로 강력한 초인으로 발전할 수 있다고 믿는 학자들도 있다. 노화를 방지하고 수명도 획기적으로 연장할 수 있다고 본다. 가능한 일이다.

트랜스휴머니즘이 설정하는 인간과 기계의 가장 바람직한 관계는 주종 관계다. 인간이 일방적으로 지배하고 명령하면 기계는 절대적으로 복종하고, 굳이 말하지 않더라도 척척 알아서 그의 가려운 곳을 긁어주어야 한다. 청소 도우미 로봇을 예로 들어보자. 가장 훌륭한 로봇은 주인의 활동을 방해하지 않으면서 최대한 깨끗하게 청소를 하고, 끝나면 조용히 보이지 않는 곳으로 물러나 있어야 한다. 그것의 존재 이유는 오로지 주인의 욕망 충족이다. 만약 지나치게 소음이 많거나 청소가 시원치 않다고 생각되면 주인은 언제라도 그것을 폐기하고 새로운 로봇을 구할 수가 있다.

이것이 기본적으로 트랜스휴머니스트들이 기계와 유전자조작, 복제, 인공 장기 등을 바라보는 입장이다. 휴머니즘이 인간을 만물의 영장으로 만들어놓았다면 트랜스휴머니즘은 거기서 한 걸음 더 나아가 만물의 창조주가 되기를 희망한다. 그는 인공지능과 유전자조작을 통해 그러한 신의 위치에 올라설 수 있다고 믿는 것이다.

포스트휴머니즘은 그와 같은 신격화된 인간관을 근본적으로 거부한다. 인간이 반려견(약자)을 보호하고 보살피듯이 인공지능을 돌봐야 한다는 의견도 환영하지 않는다. 이와 같이 동물과 기계에 대한 인간의 책임을 강조하는 태도의 배경에는 인간의 우월감이 깔려있다. 온정적이기는 하지만 여전히 휴머니즘적인 입장을 고수하고 있다. 성숙한 인간은 그렇지 않은 미숙한 존재의 보호자가 되어야 한다고 생각하기 때문이다. 이때 인간은 절대로 권위자와 후원자, 주인으로서의 지위를 포기하지 않는다. 선한 주인이어야 한다는 주인의 덕목을 강조하는 것이다.

이러한 이유로 인간의 주도권을 주장하는 휴머니스트들은 인공지능이 인간의 능력을 추월하려는 순간에 공황상태에 빠진다. 지구의 주도권을 차지하기 위해 인간과 인공지능이 전면전을 벌일 것이라고 생각하기 때문이다. 인공지능이 등장하는 대부분의 SF영화들은 그러한 전쟁의 플롯에서 크게 벗어나지 않는다. 과연 인간과 인공지능이 홉스의 "만인의 만인에 대한 투쟁"처럼 적대적 관계로 발전할까? 왜 사회적 관계는 반드시 지배와 피지배, 주인과 노예, 약자와 강자, 통치자와 피통치자의 적대적 관계가 될 것이라고 생각하는 것일까? 이것은 관계를 권력과 주도권의 관점에서 바라보기 때문이다. 그러한 관점에서 벗어나지 않는 한 지배하지 못하면 지배를 당할 것이라는 불안감에서 빠져나오지 못할 것이다.

레이 커즈와일을 포함한 일군의 전문가들은 2040-2050년이면 인공지능이 인간의 지능을 앞서게 될 것이라 예견하고 있다. 강력한 인공지능 앞에서 무기력한 인간은 멸종할 것이라는 전망도 나오고 있다. 그런가 하면 인간이 출산을 포기하고 자발적으로 소멸하지 않으면 생태계를 회복할 수 없다고 주장하는 '자발적 인간 멸종 운동Voluntary Human Extinction Movement'도 있다. 이러한 주장의 유효성을 부정하자는 것이 아니다. 당연히 그러한 염려와 불안이 있을 수 있다. 그럼에도 그들은 의도하지는 않았겠지만 인간과 기계의 관계를 지배와 피지배, 주인과 노예의 적대 관계로 보도록 조장하고 있다.

왜 우리는 다른 관계의 모델을 상상하지 못하는 것일까? 왜 인간이 인공지능과 더불어서 끊임없이 공진화하고 있다는 사실을 애써 무시하고 있는 것일까? 현재의 (트랜스)휴머니즘적 프레임을 가지고는 2040년의 인간을 이해하지 못할 것이다.

인간중심적 우월감 대신 혼종적인 세계관과 더불어 살아가기

우리는 모르는 것에 대해서 두려움을 가지고 있다. 모르는 것은 예측하고 계산하며 통제할 수 없기 때문이다. 통제와 지배의 욕망은 인간에게 제2의 천성이 될 정도로 강력하다. 그렇지만 자연을 지배하지 않으면 지배를 당한다는 강박관념에서 벗어날 필요가 있다. 인간이 지구의 주인이 되어야 한다는 휴머니즘 역사는 서양에서 채 600년도 되지 않았다. 동양에서는 1세기도 되지 않았다.

우리는 휴머니즘이 자연을 정복하기 위해 폐기했던 혼종적 세계관을 회복할 필요가 있다. 휴머니즘은 자연을 인간의 욕망을 채우기 위한 수단으로 만들기 위해서 인간과 비인간을 엄격하게 구분하였다. 르네상스 시대 이후로 그러한 휴머니즘적 기획은 자연을 문명화함으로써 자신의 소임을 다하였다. 유효기간이 지난 휴머니즘은 포스트휴머니즘에게 자리를 양보하지 않으면 안 된다. 인간과 비인간의 엄격한 구분과 위계가 아니라 평등한 공존의 방법을, 종중심주의가 아니라 혼종의 윤리를 모색해야 하는 것이다. 중국의 황금시대를 구가했던 복희씨와 신농씨는, 휴머니즘적 관점에서 보면 반인반수의 괴물(?)이었다. 그러나 고대 중국인들은 그들을 인간과 비인간의 경계를 넘어서는 신성한 존재라고 생각하였다. 굳이 중국의 창조신화를 떠올릴 필요도 없다. 단군은 신과 곰의 결합으로 태어난 혼종적 존재이지 않았던가. 이런 반인반수의 세계가 과학이 발전하지 못했던 구시대의 유물이라고 생각하면 안 된다. 그것은 세계를 바라보는 하나의 관점이다. 그리고 대부분의 창조신화는 우주와 인류의 기원과 문명의 발달을 설명하려는 노력의 산물이었다.

창조설화에서 우주의 역사는 미분화에서 분화로 진행되는 역사였다. 태초에는 카오스가 있었다. 카오스는 물과 불, 공기, 흙 등의 원소들이 각각 분화되지 않고서 한꺼번에 혼재하는 상태를 가리킨다. 유기체와 무기체, 수컷과 암컷, 동물과 식물, 하늘과 땅, 문화와 자연, 인간과 기계 등으로 분리되기 이전이었다. 카오스에는 아직 실현되지 않은 존재들이 다만 가능성으로만 존재할 따름이었다.

진화론도 이러한 창조신화의 시나리오와 크게 다르지 않다. 약 40억 년 전에 최초의 생명체인 단세포생물이 지구에 출현하였다. 카오스의 품에서 생명체가 탄생한 것이다. 단세포생물은 아직 암수의 구별이 이루어지지 않은, 안과 밖, 조직과 기관 등으로 분화되지 않은 생명체였다. 이 생명체에는 미래의 호랑이와 표범, 늑대, 인간 등이 다만 가능성으로서 존재하고 있었다. 지상에 흩어진 돌멩이가 아직 돌도끼가 되는 꿈도 꾸기 전이었다. 먼 미래의 지평에 불도저와 포클레인, 우주선, 인공지능 등도 보이지 않았다. 돌멩이와 불도저, 인공지능 사이에는 물론 차이가 있다. 그러나 그러한 차이는 질

적인 차이가 아니라 양적인 차이다. 만약 질적인 차이가 있었다면 공
진화도 불가능했을 것이다. 한때 과학기술의 목적은 인간의 자연 지
배에 조율되어 있었다. 이제 더 이상 지배할 자연도 남아 있지 않다.
이제 우리에게는 자연과 인간, 기계의 관계를 재설정하는 과제가 남
아있다.

3장

인간의 몸과
인공지능의 몸은
어떻게 다를까?

.김종갑

몸이 없으면 살 수 없다.
몸이 있기 때문에 우리는 걷고 달리고,
악수하고 포옹하며, 웃거나 화를 낼 수 있다.
그렇다면 컴퓨터에게도 몸이 있을까?
알파고와 같은 인공지능은 어떤가?
만약 이들에게도 몸이 있다면,
그것은 인간과 비슷한 몸일까?
이러한 질문을 바탕으로 이 글에서는
인간의 몸과 인공지능의 몸의 차이를 짚어본 후,
우주에서 가장 이상적인 몸은 인간의 몸이라는
인간중심적인 몸의 관념을 비판적으로 살펴본다.

그들은 살로 되어 있어.

살?

그래. 의심의 여지가 없어. 우리는 그 혹성의 여러 부위를 수집해서 레콘 용기에 올려놓고 철저하게 관찰을 했지. 그랬더니 그것들은 완전히 고깃덩어리야.

그럴 리가 없어. 라디오 신호를 가지고 다른 항성으로 메시지를 보낸 사실을 어떻게 설명할 수 있지?

그들은 통신할 때 라디오 신호를 이용했어. 그렇지만 그들이 아니라 기계가 신호를 보냈어.

그렇다면 누가 기계를 만들었지? 우리가 그들과 접촉하려고 하잖아.

그들이 기계를 만들었지. 내가 말하려는 게 그거야. 고기가 기계를 만들었어.

말도 안 돼. 어떻게 고기가 기계를 만들어? 넌 나보고 생각하는 고기가 있다고 믿으라는 거야?

나는 믿으라는 게 아니야. 나는 설명하고 있어. 그들은 그 항성에서 유일하게 지각이 가능한 종족이야. 그럼에도 그것들이 고기로 만들어졌다는 사실에는 변함이 없어.

그들은 오폴라이 같은 것이 아닐까? 성장기에 고기 단계를 거치는 탄소화합물 지성체말야.

아냐. 그들은 고기로 태어나서 고기로 생을 마감해.

- 테리 비슨 〈그들은 고깃덩어리다〉

우리가 만약 외계인을 처음 만난다면 어떤 일이 생길까? 외계인이 만약 강아지처럼 생긴 것이라면 그것이 애완견이 아니라 외계인이라는 것을 어떻게 알 수 있을까? 그들에게 어떻게 접근해야 할 것일까? 혹시 굶주린 호랑이처럼 외계인이 우리를 잡아먹을 수도 있지 않을까? 만약 그렇다면 도망가는 것이 최선의 선택이지 않을까? 우리의 머릿속에 수많은 생각이 오가고 두려움과 호기심이 교차할 것이다.

1970년대 이후로 외계인들이 등장하는 영화들이 매년 선 보이기 시작했다. 괴상한 모습을 한 우주의 낯선 존재들이 지구를 방문하거나 침략하는 내용들이 주를 이룬다. 스필버그 감독의 E.T.가 매우 인간적이고 귀여운 모습을 하고 있다면 〈에일리언〉의 우주인은 외모가 끔찍하고 징그러운 데다가 행동은 잔혹하기 짝이 없다. 〈스타워즈〉는 외계인 모델 전시장처럼 보인다.

우리가 외계인을 처음 만나면 어떤 행동을 취할까? 위의 인용문은 1장에서도 언급된 단편 SF소설 〈그들은 고깃덩어리다〉에서 미지의 항성에 사는 외계인이 지구인의 정체에 대해 나누는 대화다. 터무니없어 보이는 이야기라고 생각할 수도 있지만, 이 외계인이 한번도 지구인을 직접 본 적이 없었던 사정을 감안하면 수긍이 갈 수 있다. 먼저 라디오 전파로 접촉을 시도한 것은 지구인들이다. 이것을 보고 외계인은 지구인이 라디오와 같은 기계를 제작할 수 있을 만큼은 지적인 존재라는 사실을 발견한다. 그럼에도 자기네와 너무도 다르고 이질적인 형상에 당혹감을 감추지 못한다. 도저히 지적인 존재로 보이지 않는 것이다. 지적 존재라면 자기네처럼 생겨야 마땅하지 않겠는가. 이것은 지구인이 외계인과 처음 접촉하는 상황에 대해서도 마찬가지다. 고전 SF소설 《우주전쟁》에서 H. G. 웰즈는 외계인을 문어처럼 묘사하였다. 외계인이 문어처럼 생겼다고 하자. 문어가 어떻게 생각을 하고 말을 할 수 있을까?

〈그들은 고깃덩어리다〉의 두 외계인은 지구인을 고깃덩어리meat라고 한다. meat를 고기가 아니라 살로 옮기는 것이 더욱 적합하겠다. 고기에는 먹는 음식이라는 어감이 강하게 배어 있기 때문이다. 명칭이야 어찌되었든 두 외계인 — 존과 폴이라고 하자 — 은 지구인을 몸body이 아니라 살로 보고 있다. 물론 존과 폴은 몸을 가지고 있다. 그러나 지구인은 자기네와 너무 다른 외모를 하고 있다. 그것은 몸이 아니라 밀가루 반죽에 가깝다. 어떻게 이 살덩어리를 몸이라고 부를 수 있겠는가. 그럼에도 존과 폴은 지구인이 생각하고 소통할 수 있는 능력을 가지고 있다는 사실을 부정하지는 않는다. 그런데 그들이 내는 소리를 과연 말이라고 할 수 있을까? 말하는 입도 없지 않은가. 다만 살이 열리고 닫히는 소음, 살 사이로 공기가 빠져나오는 소음만 있지 않은가.

지능과 몸

　　　　　　　　　　인공지능이 제기하는 중요한 문제의 하나는 '생각하는 지능'과 몸의 관계다. 물론 인공지능이 무엇인지 꿈도 꾸지 못했던 시절에도 몸과 마음의 관계는 철학자들이 평생 고민했던 화두였다. 평범한 시민들은 지혜와 학식이 뛰어난 철학자라면 몸도 그렇게 철학적으로 생겨야 한다고 생각하는 경향이 있다. 미의 여신 비너스가 박씨전의 박씨 부인처럼 추녀라고 생각해보라. 표리부동이나 표리일체라는 사자성어도 괜한 말은 아닐 것이다. 그럼에도 박씨 부인이 비너스라고 불리면 우리는 잠시 고개를 숙이고 그러한 불일치에 관해 생각해보게 된다. 겉과 속의 불일치에서 학문이 탄생하게 되지 않았던가. 소크라테스가 철학자의 철학자로 존경받는 이유의 하나도 그렇게 추한 외모에 그렇게 뛰어난 지혜가 깃들어 있기 때문이었다. 아무튼 지적인 존재라면 당연히 인간처럼 생겨야 한다고 생각하는 경향이 있다. 어떻게 문어처럼 생긴 이물질이 생각을 할 수 있겠는가!

　생전 처음으로 미지의 존재를 만나면 어떤 느낌이 들까? 가장 먼저 그가 적인지 아니면 친구인지 판단하려고 할 것이다. 다가설지 아니면 도망갈지 결정해야 한다. 이와 같이 급박한 상황에서 우리에게 주어진 정보는 빈약하기 짝이 없다. 눈으로 보이는 타자의 외모가 전부다. 말을 건네고 소통이 시작되기 전에는 그것이 나와 마찬가지로 이성적인 존재인지 아닌지 알 수가 없다. 이때 그것의 몸이 우리에게 무엇을 말해주는가? 우리와 같은 모습이라면 동류의식을 가질 수 있겠지만 그렇지 않으면 더욱 경계하며 긴장하게 된다. 이것을 '외모의 정치'라고 하자. 유일한 판단의 기준이 외모라면 외모가 모든 것을 결정한다.

타자의 마음이라는 주제로 많은 철학자들이 고민하였다. 그런데 이상하게도 외모를 철학적 질문의 대상으로 삼은 적은 없다. 왜 그렇게 함구하고 있었을까? 이와 같은 철학자들의 무관심은 관심보다 더욱 많은 것을 말해주고 있다. 인간의 몸이 너무나 분명하고 당연하게 주어진 사실이라고 생각했기 때문에 질문할 필요를 느끼지 못했던 것이다.

인간의 몸이 당연하게 주어진 사실일까? 겉으로는 인간과 똑같지만 그럼에도 인간이 아닌 존재를 상상할 수 있을까? 근대의 문턱에서 데카르트가 그러한 가능성을 제기했다. 서재에서 창밖을 내다보던 그의 시야에 한 낯선 남자의 모습이 들어왔다. 그는 그것이 사람이 아니라 움직이는 자동 로봇일 수도 있지 않을까 하고 자문해보았다. 그 낯선 타자가 인간이라는 사실이 증명되지 않았기 때문이었다. 그럼에도 그 행인이 자기와 마찬가지의 인간이라는 점에 대해서 추호도 의심하지 않았다.

인공지능은 인간처럼 지능적인 행동을 수행할 수 있는 컴퓨터다. 인간과 마찬가지로 지각하고 느끼며 생각할 수 있는 인공지능이 머지않아 출현할 것이라고 전망하는 과학자들도 적지 않다. 좋다. 그러한 인공지능이 가능하다고 하자. 그런데 그것의 몸은 어떻게 생겨야 하는 것일까? 동일한 기능을 가진 컴퓨터도 다양한 디자인을 가질 수 있다. 그렇다면 인공지능도 온갖 종류의 몸을 걸칠 수 있지 않을까. 침팬지나 늑대는 물론이고 물고기나 뱀, 나비의 몸을 가진 인공지능도 가능하지 않을까. 백화점에서 옷을 고르듯이 인공지능은 자기에게 맞는 몸을 수시로 바꿀 수 있는 것이 아닐까? 예를 들어 〈아이언맨 3〉에서 평범한 남자인 토니 스타크는 아이언맨 슈트를 착용하면 천하무적의 영웅이 된다. 이때 스타크와 슈트는 떨어질 수 없는 동체가 아니다. 그는 자유롭게 슈트를 입고 벗을 수가 있다. 인공지능의 몸도 그러한 것일까?

바둑만이 아니라 모든 면에서 인간과 비슷하거나 더욱 뛰어난 능력을 갖춘 인공지능은 어떠한 몸을 가져야 마땅한 것일까? 인간과 다른 몸을 하고 있으면서도 인간과 똑같이 느끼고 생각하며 말을 할 수 있을까? 인간과 똑같이 생겨야만 인간처럼 느끼고 생각하며 말할 수 있는 것일까? 영화 〈스타워즈〉에는 수백만 개의 은하계 언어를 실시간으로 통번역하는 천재 로봇 'C3PO'가 있다. 인간의 형상을 하고 있지만 그것의 재료는 금속이다. 금속의 몸을 가진 인공지능이 인간처럼 감정을 가질 수가 있을까? 아니면 그것의 감정도 금속처럼 차갑기만 한 것일까?

〈그들은 고깃덩어리다〉에서는 지구인이 살을 열고 닫으면 소리가 나온다. 입이 무엇인지 모르는, 즉 입으로 말하지 않는 외계인은 지구인의 살에서 소음이 새어나온다고 생각한다. 꿀을 발견하면 꿀벌은 원형으로 춤을 추면서 동료에게 장소를 알려준다. 꿀벌의 수화手話가 원무圓舞다. 돌고래는 휘파람과 비슷한 음파로 의사소통을 한다. 음파를 통해 서로의 위치를 파악하고 주위 환경에 대해 정보를 주고받는 것이다. 그렇다면 인간과 같은 입과 성대가 없어도 말을 할 수 있는 것이 아닐까?

무엇이 몸일까? 무엇이 느끼고 생각하는 몸일까? 살아 있는 생명체이기 때문에 우리는 느끼고 생각한다. 그러나 로봇은 생명체가 아니다. 아무리 지능이 탁월해도 컴퓨터는 단순한 기계이지 않은가. 인간의 몸이 탄소화합물과 물로 되어 있다면 인공지능의 몸은 실리콘이나 플라스틱, 금속, 인공 피부 등으로 이루어진다. 이러한 질료의 차이로 인해서 인공지능은 절대로 인간처럼 될 수 없는 것이 아닐까?

지금 우리는 인간과 인공지능의 몸의 차이에 대해 너무나 조급하게 대답을 찾고 있는지 모른다. 잠시 시선을 뒤로 돌려 인공지능이 아니라 사이보그를 가지고 대답의 단서를 마련하기로 하자. 인공지능이 순수 기계라면 사이보그는 기계와 결합된 혼종적 인간을 말한다. 의족 스프린터 피스토리우스를 생각해보자. 양쪽 다리에 종아리뼈 없이 기형으로 태어난 그는 생후 11개월에 다리를 절단하는 수술을 받아야 했다. 그는 다리가 없어진 자리에 탄소섬유 재질의 보철을 부착했다. 이러한 불리한 여건에도 불구하고 그는 장애인 올림픽에서 달리기 종목을 제패하는 인간 승리를 일궈냈다. 1장에서 가장 잘 알려진 사이보그로 언급된 스티븐 호킹 박사는 어떠한가? 루게릭병이라는 희귀 질환을 앓는 그는 기계와 접속하지 않으면 글을 쓰거나 말을 할 수도 없으며, 화장실에 갈 수도 없다. 피스토리우스와 스티븐 호킹은 사이보그, 금속질의 인간인 것이다. 그렇다면 이들의 생각과 감정에도 금속질이 섞여드는 것일까? 아주 약간이라도 말이다.

인간 몸의 경계

인간 몸의 경계는 어디까지인가? 어디서부터 인간의 몸이 시작되고 끝나는 것일까? 인간이 기계가 되고 또 기계는 인간이 되는 지점은 어디일까? 영화 〈트랜센던스〉의 주인공 윌은 총에 맞아 생명을 잃었지만 슈퍼컴퓨터에 뇌를 업로드하고 새로운 생명을 부여받는다. 그를 인간이라고 할 수 있을까? 다른 누구보다도 윌의 연인 에블린은 혼란스럽다. 느끼고 생각하며 말하는 것은 분명 윌이다. 의심의 여지가 없다. 그러나 그의 몸은 컴퓨터이지 않은가. 나중에 윌은 3D프린터를 통해 생전의 자신과 똑같은 모습으로 에블린 앞에 등장하지만, 그녀는 그를 도저히 연인으로 받아들이지 못한다. 우리도 그가 윌이 아니라고 판단해야 하는 것일까?

최근에 인간의 몸이 시작하고 끝나는 경계를 묻는 질문이 새로운 국면으로 접어들었다. 가까운 미래에 두뇌의 이식이 가능해질 것이라는 전망이 나오고 있기 때문이다. 2장에서 언급한 것처럼 2017년 말에는 신경외과 의사 세르지오 카나베로의 두뇌 이식 수술이 진행될 예정이다. 만약 이 수술이 성공한다면 이 새로운 인간의 주체는 뇌일까, 몸일까? 아니면 그는 새로운 제3의 존재가 되는 것일까? 영화 〈더 게임〉은 이 문제를 다루고 있다. 부유하지만 노쇠한 할아버지가 젊음을 되찾고 싶어서 자신의 머리를 젊고 건강한 청년의 몸에 이식하는 것이다.

의료기술의 발달과 더불어 인간이 몸을 가지고 태어난다는 전통적 관념이 바뀌기 시작하였다. 과거에 몸은 해나 달, 나무와 강아지

사람의 두뇌 이식을 공언한 세르지오 카나베로(출처: 유튜브)

처럼 자연의 일부로 간주되었다. 그러한 까닭에 자연적인 몸과 인공
적인 기계의 구분과 차이가 분명했다. 그것은 운명처럼 가지고 태어
나서 살다가 노화를 거쳐 죽음에 이르게 마련이었다. 그러던 몸이
이제는 조각처럼 변화와 교정, 조작이 가능한 대상으로 바뀐 것이
다. 성형이 몸의 일부의 변형이라면 인공 장기는 몸의 일부를 기계
로 대체하는 것이다. 이러한 결과로 인간의 몸과 기계의 몸, 유기체
와 무기체, 삶과 죽음 등의 경계가 허물어지기 시작하였다. 우리는
인간 몸의 경계를 확정할 수 없는 시대에 접어든 것이다.

그럼에도 불구하고 우리는 지적인 생명체의 몸은 당연히 인간과
같아야 한다는 생각에서 벗어나지 못하고 있다. 사물을 보고 무엇인
지 알 수 있는 눈이라면 잠자리의 눈이 아니라 우리의 눈과 같아야
하며, 말할 수 있는 입이라면 물고기의 아가미나 강아지의 주둥이가
아니라 우리의 입처럼 생겨야 한다. 그렇지 않다면 그것은 지적인 존

재의 눈이나 입이 아니다. 그러한 이유로 〈그들은 고깃덩어리다〉
의 존과 폴은 지구인이 몸이 없는 살덩어리라고 생각했다. 반면에 인
간은 인간처럼 생기지 않은 머리는 사유할 수 없으며 인간처럼 생기
지 않은 입은 말할 수 없다고 생각하고 있다.

　인간중심주의는 모든 것을 인간이라는 기준에 비춰서 보고 판단
하려는 입장이다. 외계인도 이와 비슷한 외모중심주의에 젖어 있을
것이다. 인간의 관점에서 세상을 보면 인간은 만물의 영장이자 척도
다. 인간이 생각하는 머리를 가지고 있다면 강아지에게는 대가리가
달려있다. 인간이 자유의지라면 강아지는 본능에 지나지 않는다.
그런데 몸이란 무엇일까?

몸이란
무엇일까?

　　　　　　　'인간의 몸' 하면 무엇이 떠오르는가?
다 빈치의 〈비트루비우스적 인간〉, 미켈란젤로의 〈다비드상〉이
떠오르는가? 나는 책상에 놓인 괴테의 반신상이 떠오른다. 괴테가
누구인가? 그는 위대한 시인이자 사상가일 뿐 아니라 품위와 기품
이 흐르는, 이목구비가 수려한 얼굴을 지닌 사람이다. 우리는 인간
하면 괴테처럼 이상적인 이미지를 떠올릴 것이다. 들창코에 추남이
었던 소크라테스나 등이 굽은 시인 알렉산더 포프를 떠올리지는 않
는다.

　우리는 인간을 있는 그대로 보지 않고 지나치게 이상화하는 경향

이 있다. 내가 좋아하는 괴테도 진짜 그의 모습이 아니라 화가와 조각가가 이상화한 모습이다. 당연히 우리는 자신의 몸도 이상화한다. 무의식적으로 자신의 몸을 기준으로 타자의 생김새를 비교하고 평하는 것이다. 이때 내가 생각하고 있는 내 몸의 모습이 진짜 내몸은 아니다. 그것은 이상적 이미지다. 사진에 찍힌 자신의 얼굴을 생각해보라. 10장 가운데 몇 개나 진짜 나와 같다는 생각이 드는가? 마음에 들지 않는 사진은 참된 나의 모습을 포착하지 못한 사진, 잘못 찍힌 사진이라는 느낌이 든다. 거울을 볼 때도 그러하다. 거기에 비친 자신의 모습에 언제나 만족하는 사람은 없다. 대한민국에서 최고로 아름답다고 소문난 연예인들도 마찬가지다. 광고에 실릴 한 장의 사진을 위해 사진작가는 수십, 수백 번 카메라 셔터를 눌러댄다.

다시 말하지만 내가 생각하는 나의 몸과 진짜 나의 몸은 일치하지 않는다. 우리가 생각하는 인간의 몸과 진짜 인간의 몸도 일치하지 않는다. 구한말에 서양인을 처음 보았던 조선 사람들은 그들의 사람답지 않은 이상한 모습에 놀라움을 금치 못했다. 물론 이 세상에서 자신이 최고라고 생각했던 백인들은 조선인을 무지몽매한 미개인으로 취급하였다. 지구인을 처음 접한 우주인의 눈에 인간은 살덩어리로 보였다. 인간의 입을 말하는 입이 아니라 이상하게 소리가 새어나오는 뚫린 구멍으로 보았다.

이 무한한 우주의 공간에서 지적 존재는 어떻게 생겨야 하는 것일까? 교활한 생물은 여우처럼 생기고 미련한 생물은 곰처럼 생겨야 하는 것일까? 공간을 이동하기 위해서는 인간처럼 직립보행을 하는 것이 가장 바람직한 것일까? 우리가 물속이나 땅 밑에서 산다고 해도 현재와 같은 몸이 가장 적합한 것일까? 혹시 우리가 물속에서 살아야 한다면 물고기처럼 유선형의 몸에 지느러미를 가지고 있는 것이 이상적이지 않을까?

우리가 현재의 몸을 가지고 있는 이유는 그것이 우주에서 가장 훌륭하고 아름다운 몸이기 때문이 아니다. 우리 몸은 지상에서, 그리고 혼자가 아니라 무리를 이루어서 사회생활을 하기에 적합하도록 진화된 몸이다. 그와 같이 주어진 조건에 맞춰서 적응하면서 만들어진 몸이다. 몸이란 무엇인가? 몸은 생존의 기관이며 활동이다. 생각하고 말하지 않으면 생존할 수 없기 때문에 우리의 몸은 생각하고 말하는 몸이 되었다. 그 역은 성립하지 않는다. 원래부터 인간이 현재와 같은 몸을 가지고 있기 때문에 그러한 인간의 생존에 유리하도록 세상이 만들어진 것은 아니다. 인간이 잠을 자며 휴식을 취할 수 있도록 해가 뜨고 지는 것은 아니다. 우리가 두 다리를 가지고 있기 때문에 걷기에 좋도록 땅이 있는 것은 아니다. 만약 그러하다면 인간의 몸은 영원히 바뀌지 않아야 할 것이다. 그러나 우리는 인간이 환경의 변화에 적응하면서 끊임없이 바뀌어왔다는 사실을 잘 알고 있다. 사는 지역에 따라서 인간의 얼굴색이 희게 혹은 검게 변하고, 하는 일에 따라서 체형도 다양하게 바뀌지 않았던가. 기원전 500년경 고대 그리스인의 평균 수명은 18년, 기원후 100년 경 로마인의 수명은 25년에 지나지 않았다. 나폴레옹이 전 유럽을 파죽지세로 정복하던 시기에 프랑스 신병의 72%가 신장이 150㎝에 미치지 못하였다. 그리고 지금은 평균 184㎝로 세계에서 가장 키가 큰 네덜란드 남자의 신장이 19세기 후반에는 165㎝밖에 되지 않았다. 아직도 우리 몸은 이와 같이 계속해서 변화하는 과정에 있다.

인간의 마음과 입, 손과 발도 마찬가지로 변화하는 과정에 있다. 생각해보라. 앞서 말하였듯이 진화론에 따르면 500만 년 전에 인간의 조상은 네 발로 활동하며 숲에서 살았던 유인원이었다. 두 발로 걷는 동물 호모 에렉투스는 기원전 200만 년 전에 출현하였다. 그러한 긴 역사에서 지금과 같은 현생 인류 호모 사피엔스가 출현한 것은 극히 최근의 사건이었다. 이러한 진화의 과정을 거치면서 인간은 지금과 같은 정신과 마음을 갖게 되었다.

원래부터 있었던 순수한 인간의 몸이라는 것은 존재하지 않는다. 숫자를 열까지 세기 위해 두 손을 합쳐서 열 손가락이 있어야 한다는 법도 없다. 타이핑을 하기 위해서 열손가락을 가지고 있는 것도 아니다. 우리에게는 귀가 두 개 있다. 안경을 걸치기 편하도록 귀가 두 개 있는 것도 아니다. 숫자를 세고 타이핑을 하며 안경을 쓰기 시작한 것은 지구의 오랜 역사에 비하면 극히 최근의 일이다. 만약 지구의 역사가 1년이라면 우리가 지금 가지고 있는 몸은 12월 31일, 자정이 되기 몇 분 전에 만들어진 것이다.

우리 몸은 변치 않는 무엇이 아니라 변화하는 역사적 과정이다. 우리는 주어진 자연 환경에 적응하면서 살아가는 과정에서 현재의 몸을 갖게 되었다. 반드시 현재의 몸으로 진화할 필연성도 없었다. 멀리는 침팬지와 같은 영장류의 하나였으며, 가까이는 네안데르탈인과 같은 인류 속homo genus의 하나인 게 인간이다. 호모 사피엔스보다 두개골이 더 컸다고 하는 네안데르탈인은 기원전 4만 년 전에 멸종하였다. 그 당시 지구에 흩어져 살았던 인류 족 가운데 호모 사피엔스가 지적으로 가장 뛰어났기 때문에 살아남았다고 생각하는 사람도 있지만, 반드시 그렇지는 않다. 승자가 가장 훌륭한 자라는 논리는 승자의 합리화에 지나지 않는다. 아직도 호모 사피엔스족이 어떻게 해서 다른 인류 속을 몰아내고 지구를 독점하게 되었는지에 대한 합의된 이론은 존재하지 않는다.

가장 나쁜 진화론적 생각은 결과로부터 원인을 단선적으로 추론하는 것이다. 결과가 좋으면 원인이나 수단도 좋다는 식으로 생각하는 것이다. 그것은 승자독식의 논리, 어떻게 해서라도 성공해야 한다는 논리에 지나지 않는다. 미국의 대통령 선거를 보라. 2016년 미국 대선에서 트럼프가 대통령으로 당선되었다. 그가 미국의 정치가 가운데 가장 탁월한 지도력과 정치력을 가지고 있었기 때문인가? 아무도 그렇게 생각하지 않는다. 가장 뛰어난 생명체가 생존 경쟁에서 살아남는 것도 아니다. 인간이 지구를 정복했다는 것이, 모든 생명체 가운데 인간이 가장 뛰어난 존재라는 사실을 증명하는 것은 아니다.

인공지능의 몸과 인간의 몸

인간의 몸은 무엇으로 이루어져 있을까? 《창세기》에 따르면 인간의 몸은 고귀한 무엇이 아니라 흙으로 빚어진 물질이다. 고대 그리스의 창조신화도 인간의 기원을 물과 불, 공기, 흙에서 찾는다. 4원소가 혼재하는 카오스로부터 인간이 생성된 것이다. 이러한 창조신화가 단순한 허구라고 생각하면 잘못이다. 인간이나 동물, 식물을 비롯한 모든 존재는 그러한 기본 원소의 조합으로 이루어져 있다. 인간의 재질은 수소, 산소, 탄소, 질소, 칼슘 등과 같은 화학물질이다. 다른 동물이나 식물도 마찬가지다. 이러한 재질의 관점에서 보면 인간과 인공지능 사이에도 본질적인 차이가 없다.

유전공학이 창조신화가 옳다는 것을 증명해준다. 왜 우리가 지금과 같은 몸을 가지고 있을까? 이 질문에 대한 대답을 유전공학은 유전자에서 찾는다. 그리고 앞서 살펴보았듯이 인간의 유전자는 다른 동식물과 크게 다르지 않다. 식물의 65%가 인간의 유전자와 같으며, 박테리아도 7%의 유전자를 인간과 공유하고 있다. 모든 생명체는 DNA, RNA, 단백질로 이루어진 살덩어리인 것이다. 인간도 살이다.

그러나 인간은 자신을 살덩어리라 생각하지 않는다. 살이 아니라 몸인 것이다. 기껏해야 살은 몸의 일부에 지나지 않는다. 금속의 재료로 만든 트럼펫은 금속이 아니라 금관악기다. 고호의 해바라기도 천과 물감이 아니라 미술작품이듯 인간도 살이 아니라 몸이다.

'나는 몸이다'와 '나는 살이다'는 말 사이에는 인간과 동물의 차이처럼 엄청난 차이가 있다. 살에서는 좋은 이미지가 떠오르지 않는다. 무엇보다도 먼저 축 늘어진 살, 군살, 뱃살, 굳은살처럼 부정적인 이미지가 떠오른다. 또 살점은 어떠한가. 염상섭의 《삼대》에 다음과 같은 문장이 있다. "오른 손등은 깨물렸는지 살점이 뚝 떨어져 나가고 그저 피가 줄줄 흐른다." 또 다른 예로 가야금 연주자인 추자연은 가야금을 연습하다가 살점이 떨어져 나간 적이 있었다고 한다. 손등과 손가락에서는 살이 있다. 그렇지만 우리는 그것은 살이라고 부르지 않는다. 반면에 몸에서 떨어져나가는 순간에 그것은 살점이 된다. 내 몸의 일부가 나에게서 분리되면 살점이 되는 것이다. 그리고 그 살점에는 내가 없다. 그 살점에는 나의 이름이나 인격, 감정이 없다. 이 점에서 살은 비인격적이고 익명적이며 동물적이다. 뱃살을 생각해보라. 그것은 나의 일부처럼 느껴지지 않는다. 원래는 나의 것이 아닌데 어찌어찌 잘못해서 나의 몸에 껌처럼 들러붙어 있는 느낌을 준다.

앞서 얘기한 천지창조 신화의 카오스가 살이다. 물과 불, 공기, 흙이 한꺼번에 혼재하는 카오스에는 형상이나 질서가 없다. 뱃살이나 군살, 축 쳐진 살이라는 말에서는 그러한 무질서의 어감이 풍겨 나온다. 내 몸의 균형과 아름다움, 건강을 위협하고 훼손하는 이물질처럼 느껴진다. 나의 일부임에도 나의 것이 아니라 남의 것처럼 느껴진다. 몸에서 떨어져나간 살점도 그러하다. 그리고 살점이 떨어진 자리로 들여다보이는 속살, 거기에서 배어나오는 피도 나처럼 느껴지지 않는다.

우리는 살이지만 자신은 그러한 살과는 근본적으로 다른 몸이라고 생각한다. 살이 무질서하고 추하다면 몸은 질서이며 균형이고 아름다움이기 때문이다. 그럼에도 우리는 자칫하면 몸이 쉽게 망가진다는 것을 알고 있다. 살이 썩는다는 말이 있다. 상처를 소독하지 않고 방치해두면 살이 썩어가기 시작한다. 그것은 동물의 부패하는 시체와 별 차이가 없다. 그러한 상처가 없더라도 나이가 들면 몸은 탄력성을 잃고서 흐느적거리기 시작한다. 살이 되는 몸은 수치스럽게 느껴진다.

이처럼 우리는 몸이다. 인간이 살이 아니라 몸으로 자신을 경험한다는 사실은 많은 것을 설명해준다. 만일 몸을 이루는 재질이나 재료로 인간이 정의된다면 달리기 선수 피스토리우스는 자신에게 장착된 기계의 비중만큼 인간성을 상실하게 될 것이다. 그러나 그의 다리가 보철이라는 사실이 그의 인간됨을 손상시키지는 않는다. 보철 다리와 무관하게, 혹은 그럼에도 불구하고 그가 정상적 인간이라는 사실에는 변함이 없다. 피스토리우스보다 훨씬 많이 기계와 접속된 스티븐 호킹도 마찬가지다. 그렇다면 〈트랜센던스〉의 윌은 어떻게 되는 것일까? 윌이 스티븐 호킹보다 더욱 기계화되었다고 해서 그에게서 인간의 자격을 박탈해야 하는 것일까? 나는 그렇지 않다고 생각한다. 만약 두뇌의 기억과 기능을 인공지능에 업로드한 존재가 등장한다면 그도 역시 인간처럼 인격적으로 대접해주어야 한다. 인간의 인간됨은 재질(살)이 아니라 몸에 있기 때문이다. 그리고 몸은 그러한 재질로 규정되지 않기 때문이다.

그렇다면 인간의 몸이란 무엇일까? 우리가 다른 사람들과 더불어 사회적 활동을 하고 세계를 경험할 수 있도록 만들어주는 것이 몸이다. 몸이 없으면 다른 사람과 악수를 하거나 포옹을 할 수가 없다. 상대방의 따뜻한 손길을 느낄 수도 없다. 보고 들을 수도, 심지어 생각할 수도 없다. 빛도 몸을 가지고 있다. 입자나 파동이 빛의 몸이 아니라면 무엇이란 말인가. 존재하는 것은 무엇이든 몸을 가지고 있다.

우리는 그냥 보는 것이 아니다. 눈이 있기 때문에 볼 수 있다. 그냥 듣는 것이 아니라 귀가 있기 때문에 들을 수 있다. 손이 없다면 거칠거나 부드러운 촉감을 느낄 수 없을 것이다. 입이 없다면 음식을 먹을 수도, 말을 할 수도 없다. 시각, 촉각, 청각, 후각, 미각, 이 모든 감각과 지각은 우리의 몸이 세계와 만나고 접촉하기 때문에 비로소 가능해진다. 이러한 경험이 이루어지는 자리에서 내 몸은 원점原點 혹은 기준점의 기능을 한다. 가깝고 멀다는 거리가 실재한다고 생각하면 안 된다. 내 몸을 중심으로 여기와 저기, 위와 아래, 가깝고 멀고와 같은 정위가 가능해진다. 가볍거나 무겁다는 개념도 내 몸을 기준으로 이루어진다. 그냥 무거운 것이 세상에 어디에 있겠는가? 그것은 내 손으로 들기에 무겁다. 아킬레스와 같은 힘센 영웅이라면 가볍다고 생각할 것이다.

몸이 경험의 기준이라는 점을 염두에 두고 다시 인공지능과 인간의 몸의 차이로 돌아가보자. 지금 누가 그 차이를 묻고 있는가? 인공지능이 아니라 내가 질문하고 있다. 그냥 내가 아니라 자신을 인간이라고 생각하는 내가 차이를 묻고 있다. 그리고 이러한 차이를 묻는 행위의 중심에는 나의 몸이 있다. 그것은 가까움과 멂, 여기와 저기의 차이를 말해주는 기준이 된다. 동시에 그것은 같음과 다름의 차이도 말해주는 몸이다. 자신과 비슷하게 생긴 것은 인간이고 그렇지 않으면 인간이 아니라고 말해주는 것이다.

그런데 이와 같이 경험의 기준으로서 내 몸은 한 가지 중대한 문제를 가지고 있다. 내 몸에 따라서 위와 아래, 가까움과 멂의 차이가 결정이 된다면 어떻게 다른 사람과 대화를 나눌 수 있을까? 나에게 '여기'가 그에게는 '저기'이지 않은가? 나와 같은 몸(인간)이거나 다른 몸(동물)도 마찬가지의 문제에 직면하게 된다. 내 몸이 인간의 기준이라고 하자. 그런데 세상에 나하고 완벽하게 똑같이 생긴 사람은 존재하지 않는다. 나에 비해서 네덜란드 사람은 너무 키가 크고, 미국의 농민은 너무나 덩치가 크며, 흑인들은 지나치게 피부가 검다. 그런데도 어떻게 같은 인간이라고 생각할 수가 있을까? 내 몸이 인간의 기준이기를 포기하지 않는다면 어떻게 그것이 가능할까? 만약 그 기준을 포기한다면 인공지능도 인간으로 인정해야 하는 것이 아닐까?

내가 타자를 어떻게 나와 같은 인간이라고 생각할 수 있는지 설명하기 위해서 여기와 저기의 예를 다시 생각해보자. 나는 내 몸을 기준으로 '여기'라고 한다. 그렇지만 내가 여기를 언제나 독점하지는 않는다. 상대방도 자기 몸을 기준으로 '여기'라고 말한다면 두 개의 여기가 있게 된다. 어떻게 그것이 가능할까? 상대방도 나처럼 '나'라고 말할 수 있는 존재이기 때문이다. 내가 말하는 동안에는 여기가 나의 위치이지만, 중요한 것은 나 혼자만이 아니라 그도 말을 한다는 점이다. 나에게 말을 건네는 상대방도 자신을 '나'라고 칭한다. 나의 몸이 기준이던 '나'가 그의 기준으로 이동하는 것이다. 이때 그는 자신이 있는 자리를 가리키면서 '여기'라고 말한다. 요약하면 말하는 사람의 자리가 여기다. 기준으로서 여기에 있는 몸은 나의 몸이 아니고 그의 몸도 아니다. 말하는 사람, 즉 화자의 몸이다. 이때 화자가 미국 농부처럼 덩치가 큰지 아니면 흑인처럼 피부가 검은지 등, 살(재질)의 차이는 중요하지 않다. 몸이 금속질인지 아닌지의 여부도 중요하지 않다. 결정적으로 중요한 것은, '나'라는 말이 발성되는 자리, 혹은 그렇게 발성할 수 있는 능력이다.

인간의 몸이란 무엇인가? 그것은 '나'라고 말할 수 있는 몸이다. 나라고 말할 수 있는 존재는 모두 인간 종에 속한다고 말해도 좋다. 직접 입을 열어서 나라고 발성하지 않아도 좋다. 스티븐 호킹은 기계와 접속되어야만 나라고 말할 수 있지 않은가. 그가 말하는 것이 아니라 기계가 말하는 것이다. 그렇지만 그것은 문제가 되지 않는다. 나라고 말하는 능력은 화자가 피와 살과 뼈로 된 몸인지 아니면 실리콘이나 금속으로 된 몸인지를 묻지 않는다. 굳이 몸의 재질을 찾는다면 그것은 '나'라는 언어다.[1]

새로운 공동체를 향하여

〈그들은 고깃덩어리다〉의 주인공은 지구인에게 몸이 없다는 취지로 말했다. 그들의 눈에 인간은 그냥 살덩어리로 보였다. 만약 지구인과 대화에 성공했다면 사정은 달라졌을 것이다. 나라는 말이 발성되는 순간, 지금까지 형체가 없이 밀가루 반죽과 같았던 살덩어리에 몸의 질서가 주어지기 시작한다. 뚫린 구멍이 아니다. 그것은 입이다. 더구나 '나'라고 자신을 말하는 입이

---

[1] 살이 나에게 몸을 주는 것은 아니다. 나라고 말할 수 있는 능력이 살을 몸답게, 그리고 인간답게 만들어준다. 인간이란 무엇인가? 자신을 기준이자 중심으로 정립하고 그것을 '나'라고 말할 수 있는 능력이 인간이다. 몸은 세계를 경험하는 중심이자 기준이다. 이 점에서 우리가 자신의 몸이라고 생각하는 몸은 이상적인 몸 이미지다. 질서이자 균형이고 아름다움이다. 그러한 이미지에는 나의 살, 즉 뱃살이나 주근깨, 주름살 등이 들어설 자리가 없다.

다. 이때 화자인 나는 자신을 무질서와 혼란으로 경험하지 않는다. '나'라고 말하는 타자의 몸도 무질서와 혼란으로 보지 않는다.

1장에서도 언급된 영화 〈컨택트〉는 이 점에서 인간과 외계인, 인공지능의 몸의 차이를 이해하는 데 많은 도움을 준다. 외계인의 몸은 인간과 너무나 다르다. 지적 생명체의 몸이라고 보기에는 거미처럼 생겼다. 두 개의 다리가 아니라 8개의 다리를 가지고 있다. 그렇지만 그것이 모두 다리인지 아니면 팔이나 몸통, 혹은 두뇌인지 우리는 알 수가 없다. 머리와 몸통, 사지로 분절되는 인간 몸의 범주와 너무나 다른 것이다. 인간 몸의 개념으로 번역되지도 않는다. 그리고 인간처럼 입을 열어서 말하지도 않는다. 선형적인 인간의 말과 달리 외계인은 그림처럼 동시성을 가진다. 지구인이 그 외계인의 언어를 이해하지 못하는 동안에는 전운이 감돈다. 그러다가 최소한의 소통이 가능해지는 순간에 평화가 찾아온다. 지구인과 외계인이 생명공동체(지적인 몸)의 관계로 발전한 것이다. 그럼에도 '나'라는 일인칭으로 소통하는 단계까지는 나아가지 못한다.

이제 인공지능과 인간의 몸의 관계로 초점을 좁혀보기로 하자. 우리는 몸으로 세계와 접촉하고 주위의 세계를 이해하며 또 타자와도 소통에 임한다. 앞서 나는 몸의 질료는 인간의 구성 요건으로서 필수적이 아니라고 설명했다. 〈스타워즈〉의 천재 번역가 C3PO는 금속의 재질로 만들어졌지만 인간처럼 자기를 '나'로 재현할 수 있는 로봇이다. 단순한 금속이 아니라 생각하고 말하는 금속이다. 마찬가지로 인간도 단순한 살이 아니라 생각하고 말하는 몸이다. 양자가 자신의 몸을 기준점으로 세상을 경험하는 존재다. '나'라고 말하는 화자이기 때문에 C3PO의 주체성과 인격권도 보장해야 한다고 생각한다.

그렇다고 인간과 C3PO의 몸에 실질적인 차이가 없다고 주장하는 것은 아니다. 양자 사이에는 적지 않은 차이가 있다. 인간이 부모의 결합에 의해 태어난 존재라면 C3PO는 그러한 인간이 제작한 로봇이다. 전자가 유기체라면 후자는 무기체다. 당연히 감각과 지각의 구조와 성격도 다를 수밖에 없다. 우리는 대상을 만지고 그것의 부드럽고 거친 질감을 느낄 수 있는 손을 가지고 있다. 그렇지만 아무리 정교한 로봇이라고 해도 금속의 손으로는 그러한 질감을 느끼지 못한다. C3PO는, 칼에 스치기만 해도 피가 나기 때문에 칼을 무서워하는 인간의 감정을 이해하지 못할 수 있다. 이외에도 인공지능과 인간 사이에는 이루 헤아릴 수 없이 많은 차이가 있다.

그러나 '나'라고 말할 수 있는 로봇이라면, 그러한 재질의 차이에도 불구하고 인간과 끊임없는 소통을 통해서 서로를 이해할 수 있는 방법을 모색할 것이다. '나'라고 말할 수 있는 화자는 자기 몸을 벗어나 너의 몸이 될 수 있는 능력도 동시에 가지고 있다. 나는 근본적으로 교차대구적이다. "나는 너다"에서 화자의 위치가 바뀌면 "너는 나다"가 된다. 이러한 자리바꿈이 공감 능력이 아니라면 무엇이란 말인가?

다시 말해 '나'라고 말할 수 있는 인공지능은 인간처럼 느끼고 생각하며 말할 수가 있는 존재다. 그렇다면 인공지능의 몸이 인간과 재질이 다르다는 사실을 크게 경계하지 않아도 되지 않을까? 인간이란 자신을 '나'라고 표현할 수 있는 존재로 정의된다. 피부색이 검든 희든 키가 크든 작든; 그러한 차이는 문제가 되지 않는다. 자신을 나라고 말할 수 있는 화자는 그것이 무엇이든 인격체로서 존중받아야 한다.

4장

트랜스휴머니즘의
호모 데우스
프로젝트

_주기화

인간은 호모 사피엔스를 넘어
트랜스휴먼의 과도기를 거쳐
신으로 업그레이드될 전망이다.
기술과학을 통해 괴물 같은 능력을 갖는 등
향상된 인간을 트랜스휴먼이라 하며,
이는 진화의 최종 목표인 포스트휴먼의
전 단계라고 할 수 있다.
이 글에서는 트랜스휴먼을 '호모 몬스터쿠스'로 명명하고,
정신없이 진화 중인 이들의 계보를 짚어본다.
또한 트랜스휴머니즘에 비판과 우려를
제기하면서 네오휴머니즘을 통해
인간의 고유한 가치를 되새겨본다.

SF영화에나 나올 법한 기술들이 현재 인간을 더 대담하고, 더 훌륭하고, 더 강하고, 더 빠르며, 더 영리하게 만들고 있다. 이처럼 기술과학에 의해 향상된 인간을 트랜스휴먼transhuman이라 하며, 진화의 최종 목표인 포스트휴먼의 전 단계라고 할 수 있다.

타인이나 동물의 장기, 인공 장기, 기계 장치들과 결합되고, 약물과 유전자 치료로 성격마저 바뀐 채 새로 만들어지고 있는 인간을 전통적인 의미의 인간이라고 부를 수 있을까? 수없이 절단되고 접합된, 정신 능력이 탁월한 인간의 모습은 실로 괴물 같다. 이러한 괴물은 한편으론 징그럽고 혐오스럽지만, 다른 한편으론 인류가 지향하는 모습이 아닌가? 인간은 보다 괴물 같은 능력과 모습을 가지는 방향으로 진화하고 있다. 현대 인류는 전통적인 인간 개념의 경계를 벗어나고 있다. 새로운 과학기술에 의해 변형되고 강화된 인간, 트랜스휴먼을 더 이상 '호모 사피엔스'라고 부를 수 없을 것 같다. 유발 하라리는 21세기는 인간이 '호모 사피엔스'로 살아가는 마지막 세기가 될 것이라고 생각한다.

이 장에서는 이런 '괴물 같은 인류'를 '호모 몬스터쿠스Homo monstercus'로 명명하고자 한다. 인간은 비인간과 이질적인 연결망을 이루는 존재, 하이브리드, 괴물, 즉 '호모 몬스터쿠스'다. 이제 더 이상 전통적 개념의 정화된 인류는 생각하지 마라. 순수 인간은 환상이며 향수에 불과하다. '호모 몬스터쿠스', 괴물만이 진화 중이다. 이러한 트랜스휴먼, 호모 몬스터쿠스는 먼저 영화 속의 상상된 현실에서 실현되었다.

사이보그

영화 〈로보캅〉, 〈6백만 불의 사나이〉, 〈소머즈〉에는 팔이나 다리 등 뇌를 제외한 신체 장기들을 첨단 기계로 대체해 초인간적 힘을 발휘하는 사이보그[1]들이 대거 등장한다. 〈6백만 불의 사나이〉에서 전직 우주비행사 스티브 오스틴은 우주 시험비행 도중 사고로 다리와 한쪽 팔 그리고 오른쪽 눈을 잃는다. 그러나 특수임무 수행을 위해 그에게 600만 불어치의 줌 렌즈, 시속 60마일로 달릴 수 있는 로봇 다리, 자동차를 들어올릴 수 있는 괴력의 인공 팔이 장착된다. 그 결과 불도저를 능가하는 슈퍼맨이 탄생한다.

영화 속 상상은 이제 현실 속에서 하나씩 실현되고 있다. 조엘 가로에 따르면, 인간 강화 부문에서 선도적인 기관인 미국 국방부 산하 국방고등연구계획국DARPA, Defense Advanced Research Project Agency은 인간 진화의 다음 단계가 될 수 있는 기술들을 창조해내고 있다. 통

---

[1] 사이보그Cyborg라는 말은 1960년 맨프리드 클라인즈Manfred Clynes와 네이선 클라인 Nathan Kline의 저서 《사이보그와 우주》에서 처음 언급되었다.

아이언맨 슈트를 착용한 줄리아노 핀토(출처: 유튜브)

증, 출혈, 상처를 신속히 없애주는 약물과 백신, 잠을 자지 않고 전
투를 수행하는 병사, 슈퍼맨과 같은 능력을 부여하는 뇌-기계 인터
페이스를 기반으로 한 외골격 전투복 등 SF영화에나 나올 법한 것
들이 DARPA에서 추진되고 있는 인간 강화 기술이다.[2]

  인간 강화 기술의 사례로 뇌-기계 인터페이스를 기반으로 한 로
봇 외골격인 '아이언맨' 슈트를 들 수 있다. 이 슈트는 2014년 6월
브라질 월드컵 개막식에서 하반신 마비 청년 줄리아노 핀토Juliano
Pinto가 시축을 하는 기적을 만들기도 했다. 그는 뇌파를 감지하여
다리를 움직여주는 아이언맨 슈트의 도움으로 휠체어를 박차고 일
어나 축제의 시작을 알리는 공을 찰 수 있었다.

---

2 조엘 가로Joel Garreau 지음, 임지원 옮김, 《급진적 진화》, 지식의 숲, 2007.

호모 몬스터쿠스

　　　　　　이미 현실에서는 시험관 아기, 인공 장기 등이 상용화되고 있다. 세로토닌을 촉진하는 프로작과 같은 항우울제 약물과 호르몬은 성적 욕망, 폭력성, 책임감, 도덕성, 성격, 개성 등 인간 본성까지 변화시키고 있다. 질병을 치료하려던 노력은 이제 인간이 정신과 육체를 마치 조각을 하듯 만들어낼 수 있는 능력으로 이어졌다. 자신을 바꾸고 개선하려는 충동은 인간 본성이라고 할 수 있다. 과학기술은 이러한 본성을 동력 삼아 인류 진화의 최전선에서 미래가 실현되는 것을 가속화하고 있다.

　영화 〈엑스맨〉 시리즈에는 자유자재로 변형되는 능력의 몸들, 호모 몬스터쿠스가 많이 등장한다. 2000년부터 제작된 8편의 시리즈는 돌연변이 인간 변종에 호의적인 반면, 인간들은 편협하게 그리고 있다. 여기서 주인공 울버린은 몸의 상처를 재생하는 무한한 회복력을 가지며 총을 맞아도 죽지 않고 늙지 않는다. 특히 최강의 금속인 아다만티움으로 만든 갈퀴를 뽑아내어 무기로 삼는 게 특징이다. 유전공학 기술로 탄생한 돌연변이 엑스맨들은 인간보다 진보된 지능과 운동신경 및 감각으로 인류를 보호하기 위해 보이지 않은 곳에서 노력하지만 정작 초능력을 두려워한 인간들은 그들을 경계하며 적대시한다.

　〈엑스맨〉은 유전자조작 기술을 통한 돌연변이의 능력 획득과 증강Human Genetic Enhancements에 대한 인간들의 불안과 염려를 반영하는데, 닉 보스트롬은 트랜스휴머니즘에 관한 자신의 논문에서 이에 대해 전혀 염려할 필요가 없다고 말한다.[3] 지난 20년 동안 과학의 진보로 생애 연장, 질병 퇴출, 고통 해소 등 인간의 지적 신체적 감정적 능력들이 증강해왔는데, 이러한 경향은 진화 중인 인간에게 당연한 것이며, 인간 존재 방식에는 한계가 없기 때문이다.

생명공학 교수 박태현에 따르면, 인간도 〈엑스맨〉에서 가장 강력한 초능력을 가진 마그네토의 자성 능력을 지닐 수 있을지 모른다. 자연계에 존재하는 생물체 중 자성을 감지하거나 이용하는 생물 종들의 유전자를 활용해 인간의 유전자를 변형(돌연변이)할 수 있다면 말이다.[4] 자력이 가능하다면 울버린의 갈퀴도 가능할까? 최근 BNIC Biotechnology, Nano Technology, Information Technology, Cyber Technology 융합기술의 발달과 나노기술 분야의 연구 성과들을 보면 전혀 불가능한 일은 아닌 것 같다.

영화 〈아바타〉에서 인류는 가까운 미래에 판도라 행성의 토착민 나비족의 외형에 인간의 의식을 주입해 원격 조종이 가능한 새로운 생명체 '아바타'를 탄생시키는 프로그램을 개발한다. 아바타는 인간과 나비족의 DNA를 결합해 만든 새로운 하이브리드 생명체로 링크 머신을 통해 인간의 의식으로 아바타 몸체를 원격조종할 수 있다. 하반신이 마비된 전직 해병대원 제이크 설리는 아바타를 이용해 자유롭게 걸을 수 있게 된다. 이러한 아바타로 영원히 젊고 아름다울 수 있다면, 신체 장애에서 자유로울 수 있다면, 미래에 실현이 가

---

3 Nick Bostrom, "Human Genetic Enhancements: A Transhumanist Perspective", *Journal of Value Inquiry*, Vol. 37, No. 4, 2003, pp. 493-506.

4 박태현 지음, 《영화 속의 바이오테크놀로지》, 생각의 나무, 2008.

영화 〈엑스맨〉, 〈아바타〉

능할지는 아직 미지수지만 그런 상상을 한다는 것만으로도 즐겁지 않은가? 상상력은 기술을 구현하는 원동력이다.

트랜스휴먼의
2가지 방향, 2가지 선택

트랜스휴먼과 관련한 과학기술은 크게 보아 2가지 방향으로 진행되어 왔다. 과거의 과학기술이 인간의 육체적 능력을 도구적으로 보완하는 등 인간 '외부'의 환경을 개선하면서 인간을 사이보그화하였다면, 현재의 발달된 BNIC 기술은 인간 '내부'로 향하면서 마음, 신체, 본성을 바꾸어 인간 능력을 날로 향상, 강화시키고 있다.

또한 트랜스휴머니스트들은 트랜스휴먼으로의 변환을 크게 2가지 선택으로 본다. 하나는 개인의 자유로운 선택으로 보는 입장으로 막스 모어와 닉 보스트롬 등이 대표적이다. 다른 하나는 인간 본성에 기반을 둔 당위적인 선택이라고 강하게 주장하는 입장인데, 데이비드 피어스David Pearce와 앨런 뷰캐넌Allen Buchanan 등의 학자들은 트랜스휴먼으로의 변환을 인간의 고통과 지구적 문제를 해결하기 위한 당위적 선택으로 본다.

트랜스휴머니스트들의 주장과 그 강도는 이처럼 실로 다양하지만 '새로운 기술과학에 의한 인간 향상'이라는 점에서 이들의 주장은 공통점을 가진다. 따라서 트랜스휴먼은 인간의 이성을 무한히 신뢰하면서 무한한 발전을 도모했던 근대 자유주의적 휴머니즘의 연장선 위에 위치한다.

트랜스휴먼,
개인적 선택이다

'트랜스휴머니즘transhumanism'이란 용어를 처음 사용한 사람은 영국의 생물학자인 줄리언 헉슬리Julian Huxley 1887-1975다. 그는 1957년 《새 포도주는 새 병에New Bottles for New Wine》라는 책에서 트랜스휴머니즘을 "인간을 인간으로 유지하면서 인간을 초월하는 것"이라고 정의하는데, 이것은 1980년대부터 쓰는 정의와는 약간 다르다.

현재 사용되는 의미의 '트랜스휴머니즘'이라는 용어를 처음 사용한 사람은 막스 모어Max More다.[5] 그는 1987년 영국에서 미국으로 옮겨가 《엑스트로피: 트랜스휴머니스트 사상 저널Extropy: The Journal of Transhumanist Thought》을 출판하면서 인공지능, 나노기술, 유전공학, 생명연장, 의식 업로딩, 로봇공학, 우주탐험 등과 트랜스휴머니즘 정치학과 경제학에 관심이 있는 사람들을 불러 모았다.

그는 〈트랜스휴머니즘: 미래주의 철학을 향하여〉라는 글에서 기술과학에 의한 인간 향상을 강조하면서 트랜스휴머니즘을 다음과 같이 정의한다.

> 트랜스휴머니즘은 우리를 포스트휴먼의 조건으로 인도하는 일
> 군의 철학이다. 트랜스휴머니즘은 이성과 과학을 존중하고 진
> 보를 확신하며 어떤 초자연적 내세보다 이승의 인간(혹은 트랜
> 스휴먼) 존재를 가치 있게 여긴다는 점에서 휴머니즘과 같은 요
> 소를 공유한다. 그러나 트랜스휴머니즘은 신경과학, 신경 약물
> 학, 수명 연장, 나노기술, 인공 초지능, 우주 거주와 같은 다양한
> 과학과 기술이 합리주의 철학 및 가치 체계와 결합할 우리 삶의
> 본성과 가능성에서 근본적인 변화를 인정하고 기대한다는 점에
> 서 휴머니즘과 다르다.

그는 휴머니즘과 트랜스휴머니즘의 차이와 공통점을 분명히 하

---

5 그의 본명은 Max O'Connor인데, 더 건강하고 더 잘 적응하고 더 똑똑해지고자 하는 자신의 염원을 담아 개명했다. 그는 인체 냉동보존 서비스를 제공하는 알코어 생명연장재단Alcor Life Extension Foundation의 회장이기도 하다.

면서 이전의 '트랜스휴머니즘'에 새로운 의미를 부여하여, 트랜스휴머니즘을 인간 종의 개선을 목표로 하는 이념적 운동으로 만드는데 결정적 역할을 했다. 또한 1992년 엑스트로피[6] 연구소를 설립하여 《엑스트로피 매거진Extropy Magazine》을 발행하고, 일련의 학술대회를 조직하고, 인터넷 웹을 통해 트랜스휴머니즘 담론을 활발하게 확산시키면서 현대적 트랜스휴머니즘의 기초를 세웠다.

그러나 인체 냉동보존을 강력히 선호하는 엑스트로피언들로 대변되는 막스 모어 중심의 트랜스휴머니즘에 대한 비판이 일기 시작했다. 이러한 비판은 1장에서도 소개된, 스웨덴 예테보리 출신의 철학자이며 옥스퍼드 대학교 인류미래연구소 소장인 닉 보스트롬과 영국의 철학자 데이비드 피어스를 중심으로 진행되었다. 비판의 내용은 주로 3가지로 정리할 수 있다.

첫째, 막스 모어 중심의 트랜스휴머니즘은 이성과 과학의 힘을 과도하게 신뢰하고, 지나치게 낙관적이고 기술중심적이어서 새로운 기술의 오용을 너무도 사소하게 생각한다. 둘째, 개인의 자율과 선택을 최우선 가치로 생각하는 철저한 개인주의적 자유주의 성격을 띠면서 무정부적 시장중심 자본주의에 경도되어 편향된 정치적 스펙트럼을 나타낸다. 그리하여 불평등한 기술접근성 문제를 내포한다. 셋째, 근대 휴머니즘을 계승하여 다분히 인간중심주의적이며, 인간 외의 모든 것(비인간)을 인간 능력 강화를 위한 수단이나 도구로 보

---

6 엑스트로피는 엔트로피와 반대되는 개념이다. 모어는 엑스트로피를 "살아 있거나 유기적인 시스템의 지능, 기능적 질서, 활력, 에너지, 생명경험, 개선과 성장을 위한 능력과 충동의 정도"로 정의한다.

는 경향이 농후하다. 비인간에 대한 성숙하고 학술적인 논의가 부족하다.

보스트롬과 피어스는 1998년 세계트랜스휴머니스트협회ITA, International Transhumanist Association를 설립하고, 협회의 정신을 보여주는 〈트랜스휴머니스트 선언문〉을 자신들의 홈페이지에 계속 업데이트하여 발표하고 있다. 협회 소속 학자들의 의견을 모은 8개 조항의 선언문을 살펴보면, ① 새로운 기술의 남용을 인정하면서 기술 낙관주의에 거리를 두고 ② 기술이 모든 사람들에게 평등하게 적용되도록 정책결정이 이루어져야 함을 표명하며 ③ 비인간 존재들을 고려하는 등 성숙한 측면을 보인다. 그럼에도 불구하고 마지막 8번 조항에서는 인간 강화에 있어 개인의 자율과 선택을 강조함으로써 그 또한 막스 모어와 마찬가지로 여전히 근대 휴머니즘의 연장선 위에 있다.

트랜스휴먼, 당위적 선택이다

모어와 보스트롬이 새로운 기술에 의한 인간 향상을 개인의 자유로운 선택으로 보는 반면, 일군의 트랜스휴머니스트들은 이것은 당위적 선택이라며 인간 진화에 유전공학 기술을 적극적으로 도입할 것을 당당히 주장한다. 이들은 기술의 잘못된 사용이 인간 고유의 본성을 해친다는 우려에도 불구하고 목소리를 점점 높이고 있다.

세계트랜스휴머니스트협회의 공동 창립자인 데이비드 피어스의

《쾌락주의 정언명령The Hedonistic Imperative》에 따르면 인류는 유전자를 남기는 것에 최적화되어 있으며, 생존하기 위해 공격성, 질투, 불안의 감정 등을 발달시켰다. 대초원에 살았던 수렵·채집인의 이러한 생리체계는 20만 년 동안 거의 변하지 않았다. 피어스는 앞서 언급한 감정들이 인간의 진보에 악독한 장애물이므로 유전자를 편집하여 고통을 최소화하자고 주장한다. 앨런 뷰캐넌 또한 《인간보다 나은 인간》에서 인간 향상 기술이 인간의 도덕적 성품이나 능력을 개선할 수 있으므로, 인지적 편향이나 기억의 왜곡을 교정하여 올바른 도덕적 판단이나 행위를 할 수 있게 하자고 말한다. 끔찍한 트라우마로 고통받는 사람들이 이로부터 벗어날 수 있다면 삶은 얼마나 편안하겠는가? 전쟁과 종교에 대한 광기와 맹신을 조금이라도 낮출 수 있다면 비참한 역사가 되풀이되지 않으리라. 물론 불합리한 사회 문제에 대항하여 이를 개선하려고 노력하는 것이 우선되어야 한다. 하지만 시급하고 절실한 상황에서 기술이 유일한 해결책일 때 기술을 보조적으로 사용한다면 상황이 파국으로 치닫는 것을 막을 수 있을 것이다.

트랜스휴머니스트, 낙천적인 선언가들

트랜스휴머니스트들은 대개 긍정적, 낙천적, 적극적이면서 자신의 주장을 선언하기를 좋아한다. 모어나 보스트롬 중심의 트랜스휴머니스트들은 집단적으로, 사이먼 영

Simon Young과 같은 사람은 개인적으로 선언하는 게 차이라고나 할까. 예를 들어 영은 《디자이너 혁명: 트랜스휴머니스트 선언》에서 호모 사피엔스 디자인을 향상시켜 우리 자신의 안녕과 생존력을 증가시키기 위해 인간의 진화를 인간 스스로가 담당하겠다고 선언한다. 그는 "휴머니즘이 우리를 미신의 쇠사슬에서 해방하였듯이, 트랜스휴머니즘이 우리를 생물학적 쇠사슬에서 해방하게 하자"고 일갈한다. 조엘 가로는 생명공학의 진보는 이미 돌아올 수 없는 강을 건넜다고 단언하면서 과학 소설의 상상이 실현될 날이 머지않았다고 선언한다.

'그만하면 됐다' 네오휴머니즘

새로운 기술을 통해 현재의 생물학적 인간을 초월하는 지점까지 인간을 향상시켜야 한다는 트랜스휴머니즘은 많은 비판과 우려를 야기했고, 결국 네오휴머니즘neo-humanism을 탄생시킨다. 이종관에 의하면 "네오휴머니즘은 포스트휴먼의 도래를 향해가는 첨단기술의 거침없는 발전 과정에서 인간이 직면하고 있는 실존적-존재론적 허무를 극복하고 인간 존재의 의미를 회복시키려는 철학적 움직임을 일컫는다."[7] 네오휴머니즘은 인간이 과학기술에 의해 스스로를 포스트휴먼이라는 이름 아래

---

[7] 이종관, 〈포스트휴먼을 향한 인간의 미래?〉, *Future Horizon* 26, 2015, 4-9쪽.

도태시키고 있다고 보면서, 인공지능이 시뮬레이션할 수 없는 인간적 부분들을 긍정적으로 해석하는 철학적 작업을 수행한다. 이들은 인간을 디지털화함으로써 영생의 포스트휴먼 미래로 향하는 트랜스휴머니즘에 반하여 인간의 고유한 가치를 몸, 예술적 몰입, 죽음 등에서 발견한다.

네오휴머니즘은 크게 2가지 방향으로 진행 중이다. 한 방향은 트랜스휴머니즘이 근거하고 있는 인공지능이론(인간의 인지 능력을 인공적으로 제작할 수 있다는 이론)에 조준하여, 신체화된 정신을 강조한다. 철학자인 휴버트 드레이퍼스Hubert Dreyfus와 안토니오 다마지오Antonio Damasio, 의사인 로저 펜로스R. Penrose, 프란시스코 바렐라Francisco Varela, 캐서린 헤일스Katherine Hayles 등이 대표적이다. 또 다른 방향에는 트랜스휴머니즘이 근거하고 있는 유전공학을 조준하여 이에 부정적인 프랜시스 후쿠야마와 마이클 샌델이 있다.

드레이퍼스는 《컴퓨터가 할 수 없는 것》에서 인간의 수많은 행동은 신체화되기 때문에 디지털 컴퓨터의 경험적 프로그램으로 공식화할 수 없다고 주장한다. 인간은 스스로 안다고 의식하는 것보다 더 많은 것을 몸으로 알고 있기 때문이다. 다마지오는 《데카르트의 오류》에서 우리가 육체에 단단히 고정된 유기체가 아니었더라도 어떤 형태의 정신을 가지고 있었을 것인데, 그것은 우리가 지금 가지고 있는 정신은 아닐 것이라고 본다. 인간 육체가 없는 인간 정신은 인간 정신이라 할 수 없다고 주장한다. 헤일스는 《우리는 어떻게 포스트휴먼이 되었는가》에서 정보가 아무 변화 없이 서로 다른 물질적 기층 사이를 오갈 수 있다고 믿는 트랜스휴머니즘을 비판하면서,

바렐라의 '체현된 마음embodied mind' 개념을 통해 포스트휴먼은 탈육체화를 의미하는 것이 아니라, 새로운 기술 환경 속에서 다른 방식으로 창발된 체현을 나타낸다고 말한다.

후쿠야마는 트랜스휴머니즘이 "세상에서 가장 위험한 사상"이라고 비판한다.[8] 그는 과학기술에 의한 인간 향상이 인간 본성을 파괴한다며 인간 향상 일반에 대해 포괄적으로 반대하는 대표적 인물이다. 그는 인간을 진화의 결과로 산출된 복잡한 시스템, 세밀하게 조절된 일종의 균형 체계로 보고, 인간의 나쁜 특징은 좋은 특징과 밀접한 관계를 가진다고 본다. 예를 들어 인간의 공격성, 호전성, 배타성, 질투심, 생명의 유한성은 종의 생존과 적응에 중요한 기능을 수행하므로 이러한 특징을 나쁘다고 규정할 수 없을 뿐만 아니라 제거하는 것도 옳지 않다고 본다. 그는 무분별한 자연 개발이 환경 문제를 발생시킨 것처럼 인간 본성을 개발하는 것은 돌이킬 수 없는 위험을 초래한다고 경고한다.

그러나 트랜스휴머니스트들은 인간의 제한적인 합리성이나 도덕성 때문에 환경오염, 인구 문제, 테러리즘, 빈부격차, 온난화 등이 발생하는 것이라고 항변하며, 진화란 변화하는 환경에 맞추어 임시방편적인 해결책을 쌓아가는 맹목적 과정이라고 항변한다. 그들은 암 투병이 인간의 숭고함이나 용기를 환기시키기도 하지만, 그렇다고 죽음을 초래할 암과의 투쟁을 멈춰야 하는가라고 되묻는다.

샌델 또한《완벽에 대한 반론: 생명공학 시대, 인간의 욕망과 생명

---

[8] Francis Fukuyama, "Transhumanism", *Foreign Policy* 144, 2004, pp. 42-43.

윤리》에서 인간 향상 시도가 완전성과 정복에 대한 갈망이라고 말한다. 인간은 인간 능력의 한계를 인정하고, 우리가 통제할 수 없는 것에 대한 개방성openness to the unbidden을 지니며, 선물로 주어진 삶gift-ness에 감사해야 한다고 역설한다. 이에 대해 트랜스휴머니스트들은 라식수술을 통한 시력 개선, 건강하게 오래 살기 위한 노력들이 모두 정복이나 완전성에 대한 갈망의 표현은 아니라면서 인간이 처한 불행을 해결하기 위한 선한 의지의 표현일 수 있다고 받아친다.

샌델은 야심찬 부모들의 실천 방식과 생명공학을 통한 인간 향상 사이의 유사점을 짚어낸다. 부모가 태어날 아이를 미리 디자인하는 것은 태어날 아이의 자율권을 침해하는 것으로서 '우생학적 부모됨'이라 할 수 있으며, 이는 비판받아 마땅할 정복과 지배의 자세다. 이에 대해 트랜스휴머니스트들은 우연한 탄생이 조건의 평등을 함축하지 않는다면서 지능이나 성격, 신체적 조건 등에서 동등하게 태어나지 않으므로 인위적인 향상은 때에 따라 평등한 관계를 복원한다고 대응한다.

샌델은 향상의 추구가 나쁜 결과로 귀결될 수 있다고 경고하지만, 트랜스휴머니스트들은 향상이 가져올 수 있는 다양한 혜택을 함께 살피고 결과의 득실을 비교할 필요가 있다고 말한다. 그는 질병 치료나 건강 회복 차원의 기술 활용은 찬성하지만 신체와 정신의 운명을 개선하는 것에는 반대한다. 그러나 트랜스휴머니스트들은 향상과 치료 사이의 구분이 분명하지 않다고 주장한다. 예를 들어 예방적 수단인 백신은 예방 치료인가, 면역체계의 향상인가? 노화 지연이나 수명 연장은 향상이기도 하지만, 질병이나 위험을 감소시키는 예방 치료적인 개입이기도 하다.

샌델은 삶이 선물이나 운명이 아니라 선택이 되면 능력주의 경쟁 사회를 양산하고 심화시킬 것이라고 주장한다. 그에게 인간 향상 태도란 무한정으로 치닫는 경쟁에 자신을 맞추는 일이며, 사회적 문제를 개인의 선택이나 책임으로 돌리는 태도다. 그는 세상에 맞추어 인간의 본성을 바꿀 것이 아니라, 우리의 본성과 지향에 맞추어 세계를 바꾸자고 목소리를 높인다.

이외에도 빌 매키븐Bill Mckibben은 《인간의 종언: 테크놀로지는 이제 그만하면 됐다》에서, 위르겐 하버마스는 《인간이라는 자연의 미래: 자유주의적 우생학 비판》에서, 캐서린 헤일스는 〈트랜스휴머니즘과의 레슬링Wrestling with Transhumanism〉[9]에서 열심히 트랜스휴머니즘의 결점을 폭로하면서 인간 향상의 위험을 경고한다. 그럼에도 불구하고 트랜스휴머니즘 추종자들은 나날이 늘고 있고, 기술과학과 관련된 생명윤리, 사회적 평등, 법적 문제, 군사화 등 정책적인 고려가 이미 현실적으로 진지하게 논의되고 있다.

라메즈 남Ramez Namm은 《인간의 미래》에서 "우리는 진화의 종착점에 서 있는 게 아니다. 원래 진화에는 종착점이 존재하지 않는다. … 우리는 그저 중간 단계에 불과하다"고 말한다. 인간은 인간 진화의 다음 단계가 될 수 있는 기술들을 창조하면서, 보다 괴물스러운 능력과 모습을 지니는 호모 몬스터쿠스로 진화하고 있다.

---

[9] Katherine Hayles, "Wrestling with Transhumanism", *H+/-: Transhumanism and Its Critics,* Metanexus Institute, 2011.

5장

인간 능력
향상 기술의
현기증

ᆢ주기화

이 글에서는 SF영화와 소설 속에 상상된
'호모 몬스터쿠스'를 통해 현재 진행 중이며,
가까운 미래에 선택하게 될 인간 능력 향상 기술을
살펴본다. 이와 관련해 교체 가능한 맞춤 장기를
생산하는 인간화 돼지 연구,
장기 이식과 팔 이식을 넘어서는 머리 이식 수술,
타인의 마음을 읽는 뇌 – 컴퓨터 인터페이스 기술,
인공 자궁과 유전자 조작을 통한
맞춤 아기의 생산 등을 조명해본다.

트랜스휴먼 관련 기술은 과거에는 인간 '외부'의 능력을 개선하면서 인간을 사이보그화했지만 현재는 인간 '내부'로 향하면서 마음과 본성까지 향상시키고 있다. 그러나 실제 진행되는 BNIC기술은 서로 긴밀하게 연계하면서 안팎 구분 없이 전방위적으로 진행되고 있다.

인간 향상 기술은 과연 무엇을 상상하고 있으며, 어디까지 와 있을까? 인간은 무한히 업그레이드될 수 있을까? 영국의 유명한 미래학자 이언 피어슨Ian Pearson은 "우리의 유전자와 신체가 외부 기술과 연결돼 사람들을 더 아름답고 지적으로 진화시킬 것"이라면서 "물리력도 더 세지고 건강해지며 항상 행복해질 수 있을 것"이라고 내다봤다.[1]

대부분의 미래학자들은 인간이 호모 사피엔스를 넘어 트랜스휴먼의 과도기를 거쳐 신으로 업그레이드될 것이라고 전망한다. 이런 전망이 과하다고 생각한다면, 당신은 행복한 포스트휴먼이 될 절호의 기회를 놓치고 진부하고 고통스러운 인간으로 남을 공산이 크다. 우리는 이미 생명의료 증강시대의 문턱을 넘어섰다. 과감하게 선택

---

[1] 박종익, 〈호모 사피엔스 뛰어넘는 '호모 옵티머스' 나온다〉, 《서울신문》, 2016. 2. 27.

하지 않으면 진부하게 살거나 죽을 것이다. 과연 우리는 어떤 선택을 하게 될까? 현재 진행 중인 인간능력 향상 기술을 살펴보면서 이에 대해 생각해보자.

교체 가능 맞춤 장기, 인간화 돼지

인간의 장기가 손상되거나 노화하면, 과거엔 고통을 겪다 죽어야 했다. 그러나 지금은 의학 기술의 발달로 타인이나 동물의 장기를 이식하거나, 여의치 않으면 인공 장기로 교체할 수 있다. 하지만 이러한 가능성에도 불구하고 현실적으로는 기증자의 수 때문에 인간 장기 이식은 극히 제한적이다. 동물 특히 원숭이나 돼지의 장기는 면역 거부 부작용이 심하고, 인공 장기는 접합과 기능면에서 생체조직에 못 미친다. 가장 좋은 방법은 자신을 복제한 인간의 장기를 이식받는 것이다.

그러나 이것도 간단하지 않다. 복제 인간의 장기 이식은 윤리적 딜레마를 갖기 때문이다. 이런 딜레마에 빠지지 않기 위해, 즉 기술적이거나 윤리적인 문제에 빠지지 않고 노후한 인간 장기를 교체할 수 있는 방법이 현재 연구되고 있다. 대표적인 것으로 첫째, 동물 내에 인간 유전자를 집어넣어 인간이 원하는 것들을 생산하는 바이오-파밍bio-pharming 기술, 둘째, 인간의 뇌나 몸통 없이 핵심 장기들만 가진 부분 인간 배아를 생산하는 것을 들 수 있다.

마거릿 앳우드Margaret Atwood의 소설《오릭스와 크레이크Oryx and

다중 장기 생산 돼지(출처: 유튜브)

Crake》에는 바이오-파밍과 관련한 흥미로운 미래가 상상된다. 주인
공 지미의 부모가 근무하는 장기주식회사에서는 인간의 크고 작은
장기들뿐만 아니라 대뇌 신피질과 피부까지 대신 생산하는 '다중
장기 생산 돼지'인 돼지구리Pigoons를 만든다. 그러나 환경파괴로 초
원이 모래언덕으로 변하면서 고기를 구하는 것이 어려워지자, 인간
들은 이 돼지구리를 먹어야 할 곤경에 처한다. 광우병이나 식인적
행각을 암시하는 돼지구리에 대한 앳우드의 상상은 먼 미래의 일이
아니다.

　현재 국내 대학의 한 연구소에서 이러한 돼지를 생산하기 위해 박
차를 가하고 있다. 건국대학교 인간화 돼지 연구 센터는 2015년부
터 2022년까지 총 86억 원이 투입되어, '환자 맞춤형 질환 모델 돼
지(인간화 돼지)' 생산에 주력하고 있다. 인간의 혈액이 흐르는, 인간
의 면역시스템을 갖는 이 돼지는 난치성 질환 연구와 다양한 신약

개발을 위한 것으로 2017년에 30마리 이상을 생산할 예정이다. 유전공학자 J. 크레이그 벤터Craig Venter의 합성유전자 주식회사도 말기 폐암환자의 장기 이식을 위한 장기 조달을 목적으로 돼지에게서 인간의 폐를 생산하는 연구를 하고 있다.

생명공학계는 이러한 이식용 인간 장기 생산이 2020년경에는 가능할 것이라고 예측하는데, 우선 방광, 콩팥, 심장을 시작으로 위장과 췌장이 생산될 예정이다. 당장 폐암 등으로 장기를 교체해야 하는 사람에게는 이식용 장기 생산이라는 과학기술의 발전이 분명 희소식일 것이다.

짐작컨대 '인간화 돼지' 이외에도 전 세계의 유전공학 연구실에서는 우리의 상상을 뛰어넘는 생명공학 실험들이 행해지고 있을 것이다. 이러한 우리의 상상과 우려를 나타낸 영화 중 하나로 〈스플라이스〉를 꼽을 수 있다. 동물용 의약 단백질을 연구 생산하던 주인공들은 인간 여성의 DNA와 조류, 어류, 파충류, 갑각류의 유전자들을 결합하는 금기의 실험을 강해하여 신 생명체 '드렌'을 탄생시킨다. 빠른 세포분열을 일으키며 급속도로 성장한 드렌은 결합된 각 종들의 특징을 드러내며 기이한 아름다움을 내뿜지만, 우리가 경악할 행동까지 서슴지 않는다.

과연 우리는 포스트휴먼의 한 종류라고 할 수 있는 드렌과도 공존할 준비를 지금부터 해야 하는 걸까? 미래가 이처럼 빠르게 현재로 다가온다면 SF와 현실의 경계는 무너진다. 과학이 SF를 삼켜버렸다고 할까? 현실이 이미 SF인데, SF를 누가 읽으려 하겠는가?

필멸? 불멸!
인체냉동보존

장기 이식도 안 되고, 치료도 할 수 없다면 어떻게 해야 할까? 환자를 냉동보관cryonics한 후 미래에 치료 기술이 개발될 때 되살리면 된다. 현재의 기술로는 냉동된 사람을 되살릴 수 없지만 미국 애리조나 주 알코어 생명재단에서는 1967년 이후 현재(2016년 말)까지 남성 환자 112명과 여성 환자 37명 총 149명을 돌보고(?!) 있다. 전신 시술 비용은 약 20만 달러라고 한다. 냉동보존된 사람들은 우리의 일반적인 기준으로는 사망한 시체지만, 알코어 직원들은 이들을 환자라고 부른다. 과학기술은 '사망'이라는 개념 자체를 혼란스럽게 만들면서, 결국 단어 자체를 없애버릴지도 모른다.

사실 시신을 극저온 상태로 냉동하는 극저온 보존기술보다 더 중요한 것이 있다. 바로 세포의 손상 없이 그것을 기존의 상태로 돌려놓는 '리워밍Re-Warming' 단계다. 리워밍은 저온의 상태에서 다시 정상 온도로 되돌리는 것을 뜻한다. 최근 미국 미네소타 주립대학의 존 비숍 박사는 세계 최초로 저온 보존시켰던 동물의 심장을 이식이 가능한 상태로 리워밍시키는 데 성공했다고 밝혔다.[2] 인간 장기의 리워밍이 가능하다면, 시신(환자?)의 리워밍도 곧 가능해지지 않을까? 알코어 생명재단의 환자들이 벌떡 일어나 돌아다닐 날을 곧 준비해야 하는 것은 아닐까?

---

[2] 송혜민, 〈기증된 인체 장기 '장기보존' 길 열렸다〉, 《서울신문》, 2017. 3. 18.

치료에서 강화로

노인이나 실명 환자들을 위한 인공 안구는 기능이 점점 발달하여 2030년 경 평범한 인간의 시력 기능을 초월하는 기능을 갖추게 된다. 처음에는 불편함을 개선하기 위한 기계와의 결합이 점점 더 편리한 삶의 구가로 초점이 맞춰지고 있다. 예를 들어 성형은 애초에 기형을 치료할 목적에서 출발했지만, 지금은 아름다움을 강화하는 여성들의 군비경쟁에 주로 복무하고 있다. 성형 여부는 부의 상징으로 작용할 정도다.

그렇다면 자발적으로 사이보그가 되는 사람들이 등장하게 되지 않을까? 버나드 울프Bernard Wolfe의 소설 《림보》에 등장하는 미래 사회에서는 얼마나 많은 신체 부위를 인공 보철물로 대체했는지가 신분의 높낮이를 가리는 기준이다. 기계(혹은 로봇)에 가까운 신체를 지닌 사람(?)일수록 고위 인사라는 뜻이다.

머리 이식

2017년 2월 한국 최초로 팔 이식 수술이 성공했다. 팔 이식 수술은 1999년 미국에서 처음 성공한 뒤 세계적으로 70건 정도 이뤄졌다. 신장 이식과 마찬가지로 기증자와 수혜자가 혈액형만 같다면 시행할 수 있으며, 성공률은 90%에 이른다고 한다. 그러나 머리카락도 아니고 머리를 이식하는 방법이 연구되고 있다니, 무덤 속 조상들은 과연 상상이나 할 수 있었을까?

샤를로테 케르너Charlotte Kerner의 SF소설 《걸작 인간》은 머리 이식에 관한 이야기다. 21세기 후반, 프로메테우스 병원의 이식 센터에서는 지금껏 한 번도 없었던 위험한 수술이 실시되는데, 뇌사 상태의 대학생 요제프의 건강한 몸에 교통사고로 사지를 못 쓰게 된 화가 게로의 머리를 통째로 떼어 붙이는 전뇌 이식 수술이다. 이 수술은 성공하지만 이 걸작 인간의 내면에서는 게로와 요제프가 끊임없이 세력 다툼을 벌인다.

1장에서 언급된 것처럼 2016년 중국 의료팀은 원숭이 머리 이식 수술에 성공했다. 2017년 말에는 인간의 머리 이식 수술이 있을 예정이다. 러시아의 컴퓨터 엔지니어인 발레리 스피리도노프는 선천성 척수근육위축증을 앓고 있어서 근육성장이 정지된 상태다. 그는 "현재 내 상태는 점점 악화되고 있다"면서 "스스로 아무 것도 할 수 없는 상태에서 기술이 나를 인간답게 만들어줄 수 있을 것이라 믿는다"고 밝혔다.[3] 이 수술의 성공 여부는 아마도 수많은 사지마비 환자들의 초미의 관심사일 것이다. 수술의 성공 여부도 궁금한 일이지만, 다른 사람의 몸과 머리의 접합체인 이 인간을 과연 누구라고 부를 수 있으며, 그는 누구의 생각을 가지게 될까? 현재 학계에서는 머리 이식 후 정체성의 주인이 누구인가를 두고 게로 편과 요제프 편으로 갈라져 열띤 논쟁 중이지만, 2017년 말 이 수술이 성공하면 소모적인 논쟁의 승자가 판가름 날 것이다. 그러나 수술이 성공해도 끝난 것이 아니다. 돈 많은 사람들이 영생을 누리기 위해 너도나도

---

3 박종익, 〈"성공 확률 90%" … 머리 이식 '프랑켄슈타인 수술' 축복될까?〉, 《서울신문》, 2016. 09. 21.

젊은 육체로 갈아타려 이 기술을 악용할 수도 있기 때문이다. 기술은 있어도 걱정, 없어도 걱정이다.

타인의 마음을 읽는 텔레파시

1장을 비롯한 앞 장에서도 언급된 영국의 물리학자 스티븐 호킹 교수는 루게릭병을 앓고 있는데, 이 병에 걸리면 10년을 넘기기 어렵다는 통념을 깨고 연구와 논문, 강연 등을 활발히 진행하면서 2017년 75번째 생일을 맞이했다. 그는 휠체어에 의지한 채 안면에 부착된 센서로 컴퓨터에 문자를 입력해 그것을 음성으로 바꿔 대화한다. 그는 얼굴 근육과 눈동자로 기계를 작동해 기계를 통해 말한다.

호킹처럼 말 못하고 움직이지 못하는 환자들의 커뮤니케이션을 위해 뇌-컴퓨터 인터페이스BCI 기술로 뇌(마음)의 생각을 읽는 연구들이 지구촌 곳곳에서 진행되고 있다. 심부뇌자극기DBS, Deep-Brain Stimulator라는 단일 전극을 환자의 뇌 속에 꽂아 넣어 생각하는 것만으로도 스크린상의 키보드가 문자를 쳐서 의사를 전달하고 물건을 움직일 수 있다. 이것이 바로 텔레파시, 염력이 아니면 무엇이겠는가?

이것은 상당히 효과적이어서 DBS 장치 이식 후 우울증 환자가 성격이 밝아졌고, 이외에도 뇌졸중, 루게릭병, 파킨슨, 간질 등에 효과가 있었다. 이렇게 뇌에 자극을 주어 시력, 청력도 되찾을 수 있으며,

적외선이나 X선까지도 볼 수 있다고 한다. 이러한 기술은 올리버 색스의 소설 《아내를 모자로 착각한 남자》에 나오는 인지 불능증 환자 및 정신질환자 등의 치료에도 도움을 줄 수 있을 것이다.

이처럼 BCI 기술은 치료를 넘어 인간의 기억, 인식, 지각을 강화할 수도 있지만, 인간 지각의 조작 가능성을 암시한다. 예컨대 식탁이라는 무생물을 마치 살아 있는 생물체로 인식하도록 유도할 수 있지 않겠는가? 타인의 인식을 마음대로 조정할 수 있다는 상상은 두렵겠지만, 알코올이나 약물 중독자들이 자신의 질병을 극복하고자 할 때 이 기술의 도움을 받을 수도 있을 것이다.

뇌의 통합, 월드 와이드 마인드

우리는 현재 컴퓨터와 인터넷을 통해 개별 민족과 문명의 좁은 테두리를 벗어나, 누구나 텍스트나 화상, 음성, 영상 등을 전 세계 수십억 사람들에게 발신할 수 있는 '월드 와이드 웹World Wide Web' 영역에 거주

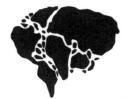

world wide mind
월드 와이드 마인드(출처:
www.worldwidemind.com)

한다. BCI 기술이 발달하여 일반 대중에게 보급되면, 우리의 생물학적 뇌가 연결·통합되어 모든 사람들이 생각과 경험을 공유할 수 있는 '월드 와이드 마인드World Wide Mind' 상태에 도달할 것이다. 사생활은 보호되어야 한다고? 데이비드 브린은 기밀유지로 이득을 보

는 쪽은 힘있는 자들로서 사생활보호법은 상류층만을 보호할 뿐이라며 정보의 투명성이 모든 인간에게 자유를 가져다 줄 것이라고 생각한다.

뇌가 통합되면 투명하고 직접적인 커뮤니케이션이 가능하다. 로버트 라이트Robert Wright는 《넌제로: 인간 운명의 논리》에서 "인류는 새로운 커뮤니케이션 방법을 계속 개발함으로써 서로의 상호작용이 '넌제로섬non-zero-sum'이 되도록 활동을 조정해왔다"고 말한다. 제로섬 게임은 한 사람이 이익을 얻기 위해 반드시 다른 사람을 희생시켜야 하지만, 넌제로섬 게임에서는 타인의 희생 없이 모든 플레이어가 이익을 얻을 수 있다. BCI 기술에 의하면 인류의 뇌 통합을 통한 상호작용으로 넌제로인 미래, 하나가 된 세계가 정말로 인간 운명이 될 수도 있다.

기계 속에서 영생을, 마인드 업로딩

3장에서도 잠깐 언급된 영화 〈트랜센던스〉에서 천재 과학자 윌은 인공지능 컴퓨터에 업로드됨으로써 초지능 '트랜센던스'가 된다. 인터넷에 연결된 윌은 모든 최신 정보와 지식을 흡수하는데 특히 나노기술을 발전시켜 장님의 시력을 되찾아주고, 병든 자들을 고치는 등 전지전능한 신으로 활동한다. 윌의 이러한 선택은 죽음 앞에서 불가피한 것이었지만, 한스 모라벡은 《마음의 아이들Mind Children》에서 인류 스스로 육체를 버리고 정신

mind을 기계에 업로드하여 영생을 누릴 것이라고 예상한다.

정말로 뇌를 컴퓨터에 업로딩할 수 있을까? 뇌과학자 정재승은 뇌처럼 구조가 바뀌는 바이오컴퓨터가 등장하지 않는 이상 힘들다고 말한다.[4] 왜냐하면 컴퓨터와 뇌의 근본적인 차이 때문이다. 컴퓨터는 하드웨어와 소프트웨어가 명확히 나뉘지만, 인간의 뇌

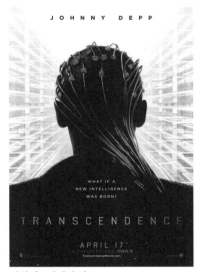

영화 〈트랜센던스〉

는 나뉘지 않고 일체되어 있기 때문에 세포수를 늘리고 시냅스 연결을 정교하게 바꾸고 네트워크 구조를 변형시키면서 새로운 기능과 정보와 기억을 담아낸다.

그러나 컴퓨터공학과 신경생리학 분야 과학자들은 뇌과학자들의 의견과는 달리 마인드 업로딩에 긍정적이다. 인간의 뇌와 컴퓨터는 전기신호라는 같은 언어를 사용하고 있어서 아주 단순한 수준이지만 인간의 뇌에서 벌어지는 현상을 컴퓨터 내에서 재현할 수 있기 때문이다. 뇌 에뮬레이션emulation[5]이 가능해진다면, 마인드 업로딩

---

[4] 정재승, 〈당신의 뇌를 컴퓨터에 '업로딩'할 수 있을까?〉, 《한겨레》, 2016. 10. 1.

[5] 에뮬레이션emulation은 한 하드웨어 시스템에 부가장치를 부착하여 그 하드웨어를 똑같이 흉내 내는 것으로, 하나의 컴퓨터가 다른 컴퓨터와 똑같이 행동하도록 만드는 기법이다. 반면 시뮬레이션simulation은 실제로 실행하기 어려운 실험을 간단히 행하는 모의실험을 뜻한다.(출처: http://100.daum.net/encyclopedia/view)

도 가능하지 않을까? 인간은 기계 속에서 영생을 누리는 유령이 될 수도 있다. 그렇다면 사람 없는 지구도 우리가 받아들여야 할 진화의 다음 단계일까? 이제 생각(마음)은 뇌가 아니라 기계 속에서 이루어질 것이기 때문에 생물학적 사고관의 한계를 넘어 기계적 사고관에 익숙해져야 할 것 같다.

현재 우리 인간에게 더 절실한 것은 마인드 업로딩보다는, 뇌에 직접 정보를 주입하는 마인드 다운로딩일 것 같다. 왜냐하면 기술 발전 속도가 너무도 빨리 진행되므로, 인위적으로 정보를 보강하지 않고는 데이터의 홍수를 이해하고 따라갈 수 없을 지경이기 때문이다. 뇌와 컴퓨터를 직접 연결하여 지식이 뇌로 직접 다운로드되어 저장되는 기술이 빠른 시일 내 이루어졌으면 좋겠다. 그것이 가능하다면 개인적으로는 수학 연산 능력과 음악적 재능을 높이고 싶다. 당신은 어떤 능력을 다운로드 받고 싶은가?

맞춤 아기

1997년에 제작된 영화 〈가타카〉는 유전자가 신분과 인생을 결정하는 것을 당연하게 받아들이는 사회를 배경으로 한다. 자신이 가진 유전자의 우수함에 따라 사회적 지위가 달라지는 우생학이 지배하는 사회에서 유전자조작은 당연한 일이 되고, 열성인자를 가진 사람들은 자연스럽게 사회의 밑바닥으로 전락한다.

이 영화의 주인공 빈센트는 부모의 자연임신으로 태어난 아이이다.

거의 대부분의 아이들이 유전
자조작을 통한 인공수정으로
태어나는 시대에 부모의 자연
임신은 '실수'에 가까운 일이
었다. 빈센트는 태어나자마
자 선천적으로 심장이 약하고
근시에 걸릴 것이며 예상 수
명이 30세라는 유전자 분석
을 통해 '사회부적격자' 판정
을 받는다. 그리고 시스템이
예측한 유전자는 그의 의지와

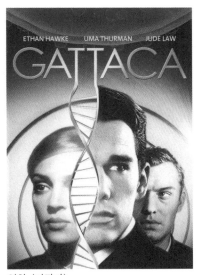

영화 〈가타카〉

는 관계없이 예측한 그대로 발현되어 그는 심장이 약하고, 키가 작고,
눈이 나빠 안경을 쓴 아이로 성장한다. 반면, 빈센트의 부모는 '실수'를
번복하지 않기 위해 유전자조작과 인공수정을 통해 남동생 안톤을
가진다. 안톤은 유전적으로 모든 것이 빈센트보다 뛰어나고 우수하다.

현재의 유전공학 발달 속도에 비추어 보면 영화 속의 상상이 곧
실현될 듯하다. 착상 전 유전자 진단PGD으로 유전자를 해석해서 각
배아가 지닌 유전적 프로필을 알 수 있을 뿐만 아니라 유전자조작을
통해 좋은 자질의 아이를 만들 수 있기 때문이다. 그렇게 하면 지능
지수가 높고, 건강하고, 좋은 외모의 아이를 가질 수 있다.

트랜스휴머니스트들은 유전자조작으로 부모가 아이에게 힘을 행
사한다 해도 대부분의 특성은 유전자와 환경 양쪽에서 영향을 받는
다고 생각한다. 유전자조작을 통해 특정 성향의 아이를 가질 확률을

높일 수는 있지만, 유전자를 아무리 만지작거려도 아이의 IQ나 성격까지 완벽히 조정할 수는 없어서 환경이나 우연에 크게 좌우된다는 것이다. 부모는 아이를 키우면서 수많은 결정을 한다. 유전자 선택에 대한 결정도 부모에게 맡기는 게 합당하다는 것이 그들의 입장이다. 그러나 PGD나 기타 생식 기술에 관한 규제가 각 나라마다 달라, 국경을 넘어 해외로 가는 부모가 속출하고 있다. 아이의 신체적 기능과 능력을 강화하고자 하는 부모의 염원을 막을 도리가 있겠는가? 무조건적 규제가 능사는 아니다.

인공 자궁, 기계 아기

샤를로테 케르너의 《1999년생》은 인공 자궁 기계를 통해 태어난 한 소년이 친부모를 추적하는 과정을 담는다. 영화 〈매트릭스〉는 인공지능 로봇의 지배하에 인공 자궁 안에서 재배되는 미래의 인류가 가상 현실 세계를 살아가는 충격적인 모습을 그린다. 인공 자궁은 문학적 상상력뿐만 아니라, 저출산과 불임 문제를 해결하기 위한 현실적인 필요성 때문에도 대두되었다. 헝가리 출신 미국인이며 트랜스휴머니스트당 당수인 졸탄 이스트반 Zoltan Istvan은 "최근 기술과학 발전 속도에 따르면, 약 20년 후인 2034년에는 주위에서 인공 자궁을 통한 출산을 빈번히 접하게 될 것"이라는 의견을 밝혔다.[6]

하지만 인공 자궁 기술 개발에 대한 우려의 목소리도 만만치 않다. 임신과 출산이라는 인간만의 영역에 기술이 개입하게 되면 아기는 고귀한 생명이라기보다 공장에서 대량 생산되는 제품으로 여겨져, 인권이 짓밟힐 수 있기 때문이다. 또한 맞춤 아기나 인공 자궁 같은 기술의 향유자는 돈 많은 사람일 텐데, 이렇게 되면 기술에 대한 접근의 불평등이 부유층과 나머지 계층 간의 양극화를 불러올 수 있기 때문이다.

트랜스휴머니스트들은 대규모 생산이 가능해지면 능력강화기술 비용이 떨어질 것이므로 인류의 평등을 지향한다면 능력강화기술의 개발과 사용을 장려하고, 되도록 많은 사람들이 폭넓게 사용할 수 있도록 해야 한다고 피력한다. 즉 미래에는 인간을 교육하는 데 지출하는 비용보다 생명공학적으로 인간 능력을 강화하는 비용이 더 싸게 먹힐 것이므로 국가 차원의 투자가 필요하다는 것이다. 그들은 자유를 제한하기보다 개인과 가족에게 권한을 부여해 인류 전체를 위한 이익을 거둘 수 있도록 노력해야 한다고 주장한다.

내 수명은
내 마음대로

영국 임페리얼 칼리지 런던과 세계보건기구는 경제협력개발기구 35개 회원국의 기대수명을 분석한 논문을 2017년 영국 의학저널 《랜싯》에 발표했다. 이 논문에 따르

---

6 최지혜, 〈20년 내로 '인공 자궁' 보편화〉, 《나우뉴스》, 2014. 8. 18.

면 2030년 출생할 한국 여성의 기대수명은 90세로 세계 최고가 된다.[7] 보편적 의료보장 체계에 의해 건강이 잘 관리될 것이기 때문이다. 구약성서에 나오는 노아의 할아버지 므두셀라는 성서 인물들 중 최고령인 969년을 살았다고 하는데, 이런 추세라면 멀지 않은 미래에 그의 기록이 한국인에 의해 깨지지 않을까?

최근 노화의 비밀이 담긴 텔로미어telomere가 발견되었다. 염색체 말단 부분인 텔로미어는 세포분열을 할 때마다 짧아지는데 이것이 노화현상이다. 텔로머레이스telomerase는 텔로미어의 길이가 줄어드는 것을 막아주는 단백질이다. 이 텔로머레이스를 증가시키는 방법을 개발하거나 텔로미어를 늘리는 방법을 발견하면 인간의 수명 연장은 가능하다.

생명공학 분야에서는 현재 노화를 늦춰주는 유전자를 100개 이상 찾아냈다. 예를 들어 INDY I'm not dead yet 파리는 유전자에 돌연변이를 일으킨 파리들로 신진대사에 문제가 생겨 섭취한 음식 에너지를 전부 얻을 수 없자 칼로리 제한CR, Caloric Restriction과 비슷한 상태가 되어 다른 파리들보다 두 배 오래 건강하고 몸도 크고 활동적으로 산다. INDY 파리의 발견은 인간에게도 수명 연장을 위한 메커니즘이 있을 것이라는 점을 시사한다.

하지만 수명 연장보다 더 중요한 것은 젊고 건강하게 오래 사는 것이다. 우리가 《걸리버 여행기》의 스트럴드브러그인처럼 쇠약해

---

7 조은아·김윤종, 〈한국 여성 기대수명, 세계 처음 90세 넘는다〉, 《동아일보》, 2017. 2. 23.

지고, 추해지고, 비참해지지만 죽지 않는 상태를 바라는 건 아니다. 그러므로 수명 연장 기술만으로는 안 된다.

인간이 포스트휴먼이 되어 건강하게 영생할 수 있다면, 한 파트너와 함께 사는 결혼제도의 조정이 불가피하게 될 것이다. 죽음이 소멸되면 종교도 자연히 없어질 것이다. 과학이 종교가 되지 않을까? 모두가 영생하려 들면 늘어가는 인구는 어떻게 감당해야 할까? 인류의 터전은 우주로, 수중으로, 컴퓨터 속으로 확장될 수 있을까?

한계 없는 삶

트랜스휴머니즘의 다양하고도 힘찬 목소리들은 과학기술에 대한 낙관적인 믿음과 다양한 인간 향상 기술에 대한 기대를 나타낸다. 포스트휴먼이 되기 위해서라면 유전자적 변형이나 인간 의식의 업로드 혹은 다운로드의 가능성도 기꺼이 열어둔다. 아마도 미래에는 인간-기계-동물이 융합된 실로 다양한 사이보그, 트랜스휴먼들이 보편화될 것이다.

지금까지 인류사를 통해 우리는 늘 한계를 뛰어넘어 새로운 능력을 획득해왔다. 우리는 진화의 종착점에 서 있는 게 아니라 그저 중간 단계에 있을 뿐이다. 기술과학 덕분에 '호모 사피엔스'의 진화는 멈추지 않을 것이며, 조만간 인류는 트랜스휴먼을 거쳐 불멸의 존재, 포스트휴먼, 신이 될 것이다.

레이 커즈와일은 "2045년엔 인류가 불멸에 도달한다"고 말한다.[8] 그의 미래 예측은 도발적이지만 147개 중 126개가 실현되었으니 신뢰할 만하다. 보다 향상된 능력과 건강한 영생을 누릴 수 있는데 지금처럼 열등한 신체로 만족할 이유가 있겠는가? 과거로의 회귀는 불가능하다. 과학기술에 의한 인간 진화는 이제 인간의 유일한 선택지다.

그러나 과학기술에 의한 인간 진화에는 분명 위험이 존재한다. 중앙의 통제나 자본의 매개는 인간을 파멸로 이끌 수 있다. 트랜스휴먼화, 사이보그화가 훌륭한 생존전략일 수 있는 반면, 자멸의 길을 활짝 열 수도 있다. 그러므로 기술과학을 통제할 수 있어야 한다. 기술의 힘과 동기에 의문을 제기하고 윤리적으로 선택하면서 '그만하면 됐다 enough'라고 말할 수 있어야 한다. 진화하는 기술과학에 걸맞는 통제와 정치적 변화가 필수적이다. 그렇지 않으면 둘 중 하나다. 번창하거나 죽거나. 변화는 불가피하며 이 변화를 보다 나은 미래를 위해 사용하는 것은 우리의 몫이다.

트랜스휴머니스트들이 펼쳐 보이는 희망의 꽃길을 취한 듯 걷다가 문득 멈추어 생각한다. 미래의 트랜스휴먼들은 과연 행복할까? 나는 과연 트랜스휴먼이 되고 싶은 걸까? 원하는 모든 것을 손에 넣을 수 있고 영생을 누릴 수 있다면, 더 이상 호기심도 생기지 않고 지식을 추구하지도 않을 텐데, 무슨 희망과 낙으로 살아갈 것인가?

진화심리학자인 제프리 밀러는 지구 바깥에는 분명 지적인 외계인들이 존재하겠지만, 그들은 컴퓨터 게임에 중독되어 지구인들에게 전파 신호를 보내는 것도 잊고, 우주를 식민지로 삼을 생각도 하

---

8 Grossman, Lev., "2045: The Year Man Becomes Immortals", *Time*. 10. 2. 2011.

지 않는 것 같다고 말한다. 질주하는 소비주의와 가상현실의 나르시시즘에 빠져 다른 데 한눈을 팔 여유가 없다는 것이다. 우리는 영생하는 몸을 얻은 대신 꿈을 잃게 되는 것은 아닐까? 일 없는 인간의 미래는 권태에 찌들어 술, 마약, 도박, 게임에 중독된 미래 없는 미래가 아닐까? 나는 다시 생각한다. 과연 우리는 트랜스휴먼이 되지 않을 선택의 자유를 가질 수나 있을까?

6장

호모 사피엔스는 장차 무엇이 되어야 할까?

_김운하

유전공학을 비롯한 '신의 기술'을 손에 넣은
호모 사피엔스는 이를 이용해 의식적이고
계획적인 진화를 하는 것이 좋을까?
오늘날 사피엔스 종의 자기 이해와 미래 비전에
어떤 변화가 있어야 하는지 탐색하는 일은 더 이상
미룰 수 없다. 기술 발전에 대한 맹목적인 확신도,
변화를 무조건 부정하는 것도 바람직하지 않다.
신중하고 진지하게, 지구와 인류의 운명을
다시 생각해야 한다. 이 글은 사피엔스 종의
미래 운명에 대한 하나의 문제제기다.

"우리는 무엇이 되고 싶은가?" '인간 강화' 문제라고도 불리는 이 질문에 비하면 오늘날 정치인이나 철학자, 학자, 보통사람들이 몰두하고 있는 논쟁은 사소한 것이다.
　　　　　　　　　　　　　　　　　　　　　　　　　　　　－《사피엔스》585쪽

지금까지 모든 형태의 인간 지식이 명시적으로 혹은 암묵적으로 탐구해온 모든 문제들을 망라하여 단 하나의 문장으로 압축하면 다음과 같은 형식이 될 것이다. "인간은 무엇이며, 무엇이 될 수 있으며, 무엇이 되어야 하는가?"

이 문장에 포함된 세 가지 질문은 인간이 던지는 가장 근본적인 물음일 것이다. 신화, 종교, 철학과 과학, 그리고 예술도 결국 이런 물음에 대한 답을 얻기 위한 것이다. 인간은 자기 존재의 의미를 추구하는 형이상학적 동물인 까닭이다. 인류의 메시지를 실은 우주 탐사선 보이저 호를 보라. 1977년 지구를 떠난 40년 동안 총알보다 열일곱 배나 빠른 속도로 날아간 끝에, 마침내 태양계를 벗어나 미지의 성간 공간을 날고 있지 않은가? 보이저 호는 우주에서 자신이 누구인지를 열렬히 탐구하는 인류의 확장된 마음이 아닌가?

그런데 21세기에 이르러 저 물음이 보다 새롭게 주목받는 이유는 무엇인가? 과거엔 순수하게 윤리적 문제이던 것이 이젠 과학과 내적으로 연결된 문제가 되었기 때문이다.

우선, 그런 질문을 하는 생각의 층위가 '지구적인' 혹은 '우주적인 층위'가 되고 있기 때문이다. 초강력 태양풍이나 공룡을 멸종시켰다고 알려진 거대 운석의 지구 충돌이 인류 문명을 종말로 몰아갈 수도 있다. 지구 온난화 문제는 그 자체가 범지구적인 문제가 아닌가? 두 번째, 인간처럼 자신의 존재 의미를 묻는 새로운 생명체(?)인 인공지능 로봇이 등장할 가능성을 배제할 수 없다. 그리고 가장 중요한 사실로, 생명과학의 발달로 몸과 마음의 기술적 변형이나 인위적인 진화까지도 가능한 시대가 되었다. 이런 역사적 현실이 위의 질문을 지극히 현실적인 것으로 만들고 있다.

이런 역사적인 변화에 대한 인식이 매우 중요하다고 믿는다. 왜, 무엇을 위해, 어디를 향해, 그리고 어떤 방식으로, 라는 질문에 대한 역사적이고 윤리적인 인식 없이 인류가 지금 당장의 욕망과 필요, 특히 시장 법칙을 맹목적으로 좇으면서 미래를 향해 달려갈 때, 그리고 핵과 마찬가지로 아주 위험할 수도 있는 과학기술 수단을 마치 어린아이가 손에 넣은 권총으로 장난치듯 무모하게 다룰 때, 장차 인류 문명 나아가 지구 생태계 전체가 어떤 위험에 직면하게 될지 가늠하기 어렵기 때문이다.

이런 문제들에 대해선 실은 나 자신조차도 아직 확실한 답을 갖고 있지 못하다. 이 글에서는 이런 거대하고 복잡하고 난해한 문제들과 철학적으로 직접 대결하기보다는, 조금은 문학적인 방식, 즉 상상력과 이야기하기라는 오래된 수단을 통해 무엇이 문제가 되는지, 어떤 열린 가능성과 비전을 가져야 하는지에 대해 간략한 스케치만 제공하려 할 따름이다. 좋은 질문을 던지는 것이 답 자체보다 더 가치 있을 수 있기 때문이다.

영화 〈컨택트〉가 우리에게 던지는 질문들

나는 우주 다큐멘터리를 매우 좋아하는데, 우주의 무한함에 비추어 지구 그리고 나라는 존재를 생각하면 17세기에 블레즈 파스칼이 느꼈던 것 같은 그런 현기증이 일어나곤 한다. 우주는 얼마나 광대한가? 은하계만 해도 방패자리에 위치한 적색거성인 UY Scuti라는 별은 태양보다 무려 50억 배나 더 크다고 한다! 태양의 지름이 지구의 109배나 되는데, 태양보다 50억 배 큰 별이라니! 게다가 우리 우주는 그런 별들을 품고 있는 은하가 1000억 개가 넘는다고 하지 않는가?

무한한 우주에서 지구, 그리고 그 표면에 껍딱지처럼 붙어 있는 인간이란 동물은 도대체 무엇이란 말인가? 광막한 우주에 있는 지적 생명체가 지구라는 자그마한 행성의 호모 사피엔스뿐일까? 아니면 은하계나 혹은 다른 은하들에 지구보다 훨씬 더 고도의 문명을 가진 외계 생명체들이 무수히 혹은 제법 많이 존재할까?

1장에서 언급했던 것처럼 SF영화 〈컨택트〉는 의미심장한 문제를 제기한다. 어느 날 갑자기 지구에 열두 개의 정체불명 우주선들이 도착한다. 마치 길쭉한 원반처럼 생긴 우주선. 외계인의 모습은 거대 문어 비슷하게 생겼다. 확실한 건 그들의 문명이 지구보다 훨씬 더 발달했고 사고와 언어 체계도 완전히 다르다는 사실이다. 그들은 왜 왔을까? 그들이 원하는 건 무엇인가? 평화인가 전쟁인가? 의도를 알 수 없는 인류는 혼란에 빠지고, 끝까지 그들과 대화를 시도하려는 대화파와 전쟁불사파 간에 갈등과 충돌이 일어난다.

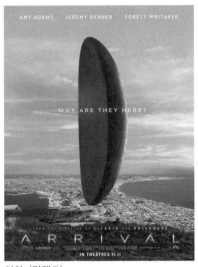

영화 〈컨택트〉

여기서 우리는 몇 가지 중대한 질문을 던질 수 있다. 만일 이런 게 실제 상황이라면 우리는 무슨 생각을 하게 될까? 우주에서 지적인 생명체가 우리만이 아니라면, 우리는 무엇인가? 그때 호모 사피엔스의 우주적 존재 의미는 무엇일까? 또 고도의 지적 외계 문명과 조우할 때를 대비해 인류는 무슨 '준비'를 해야 할까? 그리고 그 준비에는 과학기술을 이용한 인류의 의식적인 개선과 변형, 즉 '신인류로의 진화'도 포함해야 하는 걸까?

이런 질문은 사실 허황되어 보일 수도 있다. 확률적으론 가능하지만 아직 외계 문명이 존재한다는 직접 증거는 없다. 첫 만남이 천년 후일지 만 년 후일지, 지금 인류 문명이 파멸하여 다시 원시 시대로 돌아간 후일지, 그 어떤 예측도 불가능하다. 그럼에도 질문이 무의미하진 않다. 21세기라는 역사 시대가 그런 전대미문의 질문조차 진지하게 사유하도록 만들고 있기 때문이다.

로보 사피엔스가 당신에게 이런 질문을 던진다면?

　　　　　　　　21세기 인류의 유례없는 독특함은 자신을 생물학적으로 '변형'시킬 수 있는 힘을 가진 상태에서 자신의 존재 의미와 정체성을 사유하게 된 것이다. 이 전제에서 볼 때, 위에서 살펴본 지적 외계 생명체 문제보다 더 시급하고 당면한 질문과 도전들이 있다. 지적 외계 생명체의 존재 여부가 하나의 논의 가능한 존재론적 도전이라면, 로보 사피엔스 종의 등장 가능성은 21세기 인류가 직면하게 될 가장 현실적인 도전이다.

이 문제는 앞에서 제기했던 근본적인 물음들 가운데 특히 마지막 질문 즉 "인간은 무엇이 되어야 하는가?" 하는 질문을 심각하게 절박한 문제로 만들고 있다. 제법 많은 과학자들이 인공지능과 로봇의 지능이 그리 머지않은 시기에 인간을 추월할 수도 있다고 말하고 있기 때문이다. '강인공지능' 혹은 '초지능'은 자의식을 가진 데다 지능도 훨씬 더 뛰어날 가능성이 있다고 한다.

만일 21세기 안에, 또는 22세기 즈음에 실제로 그런 존재가 지구에 나타난다고 해보자. 나는 그런 존재를 '로보 사피엔스'라고 부르고 싶은데, 우리는 그 로보 사피엔스가 인류가 오래도록 고민해온 존재의 의미에 관한 질문을 던질 가능성을 충분히 생각해볼 수 있다. 가히 영화 〈컨택트〉와 같은 상황이라 할 것이다.

로보 사피엔스는 단백질과 탄소에 바탕을 둔 존재가 아니다. 실리콘과 금속, 혹은 어쩌면 생물 유기체의 어떤 것들을 조합한 것들에 바탕을 둔다. 그럼에도 '비유기체적 생명-종'이라고 불러야 마땅한 존재다. 왜 아니겠는가? 외계인들이 반드시 인간과 같은 물리-화학적 구성을 가졌다고 상정할 필연적 근거는 전혀 없다. 오늘날 생명 정의는 매우 다양한데, 외계 존재들이 인간과 전혀 다른 방식일지언정 자신을 복제하고 또 생명의 본질인 삶의 충동을 가진다면, 우리는 그들을 넓은 의미에서 생명이라고 정의내리지 않을 수 없을 것이다. 그런 면에서 로보 사피엔스는 지구 행성에서 태어난 외계 생명체나 마찬가지다. 몸을 구성하는 재료가 무엇이든, 자의식을 갖고 자기 이해를 추구하는 존재인 한, 우리는 그들을 단순한 기계가 아닌 생명으로 대해야 한다.

엉뚱하지만, 여기서 나는 이런 상상을 해본다. 내가 어떤 로보 사피엔스와 마주앉아 처음으로 대화를 나눈다. 그 존재는 인간인 나와 너무 많이 닮았을 수도 있고 로봇 태권 V 모습일 수도 있다. 귀여운 둘리 같은 모습이면 또 어떤가? 어느 정도 대화를 나누다 우리는 결국 궁극적인 문제에 도달하게 될 것이다. 바로 이런 질문이다.

"당신은 누구이고 나는 누구인가? 그리고 우리는 왜, 무엇을 위해 존재하는가?"

당신은 누구이고 나는 누구인가?

　　　　　　　　로보 사피엔스보다 인간이 더 오랜 역사와 문화를 가졌으므로, 그는 먼저 내 생각을 듣고 싶어할 것이다. 그에게 무슨 얘기를 들려줄 것인가? 혹은 이 글을 읽는 당신이라면 무슨 이야기를 할 것인가? 한 인간이 로보 사피엔스에게 들려줄 답변은 그가 무신론자인가 유신론자인가, 휴머니스트인가 아니면 트랜스휴머니스트인가 또는 비판적 포스트휴머니스트인가에 따라 달라질 것이다. 그러나 호모 사피엔스가 이에 대해 어떤 설득력 있는 답변을 지금부터라도 고민하며 준비해야 하리라는 점은 분명하다.

　우선 기술 공포증을 가진 사람이라면 영화 〈터미네이터〉를 떠올리곤 겁에 질려 까무러칠지도 모를 일이다. 기술 진보가 인간성을 파괴한다며 과학자들에게 폭탄 테러를 하기도 했던 과격한 반기술주의자 유나 바머 같은 사고를 가진 사람이나 영화 〈트랜센더스〉에 나오는 반과학 테러리스트라면, "내 이럴 줄 알았어!" 하면서 로보 사피엔스를 향해 테러를 감행할지도 모른다.

　최초의 인간 사이보그임을 자처하면서 《나는 왜 사이보그가 되었는가?》라는 책을 펴내기도 한 과학자 케빈 워릭이라면 또 다른 대답을 내놓을 것이다. 그는 21세기가 로봇의 시대가 될 것이며, 언젠가 로봇이 인간보다 더 똑똑해질 것이라는 사실을 믿어 의심치 않는 학자이기도 하다. 그는 진짜 사이보그이기도 한데, 2002년에 신경칩을 자신과 아내의 팔뚝 신경에 연결해 인간과 컴퓨터, 인간들 사이에 비언어적 정보 교환의 가능성을 입증하기도 했던 것이다.

그가 의도적으로 유기체와 기계가 결합한 존재인 사이보그가 된 이유는 인류보다 지적으로 우월한 존재와 마주치는 바로 그런 상황에 대비하기 위해서다. 그에 따르면 과학기술의 발전은 막을 수 없는 필연적인 추세다. 따라서 인간이 기계 종에게 지배당하지 않기 위해서 인류는 기계와 고도로 결합하는 사이보그로 진화해야만 하고, 두뇌의 지적인 능력을 한층 더 향상시켜야만 한다. 그에게 인간의 사이보그화는 부득이하게 요청되는 일종의 인류 '생존술'인 셈이다.

> 현재 인간인 상태에 만족한다면 지금 그대로 머무르면 된다. 하지만 잊지 말라. 우리 인간이 아주 오래 전 침팬지에서 분리됐던 것처럼 사이보그도 인류로부터 분화될 수 있다는 사실을. 인간으로 남기 원하는 사람은 '미래 세상의 침팬지'로 전락할지도 모른다.[1]

다분히 무서운 경고로도 읽히는 케빈 워릭의 말조차 사실은 매우 인간중심적이다. 마치 미래의 전쟁을 대비해 든든한 성벽을 쌓듯, 기계 진화에 대비해 사이보그로 진화하자는 말이다. 여기엔 여전히 인간 종이 지구의 패권을 유지해야 한다는 강박이 들어 있다. 이렇게 인간-기계 이분법 사고를 가진 케빈 워릭은 미래의 로보 사피엔스들에게 무슨 이야기를 들려줄까? 만일 인간 사이보그보다 로보 사피엔스 종이 지능적으로 더 뛰어나게 된다면 그땐 전쟁이라도 불

---

[1] 케빈 워릭 지음, 정은영 옮김,《나는 왜 사이보그가 되었는가?》, 김영사, 2004, 24쪽.

154

사해야 할까? 아니면 기계 종이 그 수준까지 발전하지는 못하도록 막거나 기계 종이 인간을 위협하지는 못하도록 어떤 치명적인 장치를 미리 마련해야 하는 걸까?

사이보그주의자인 케빈 워릭이 트랜스휴머니스트인지는 확실치 않다. 그러나 케빈 워릭과 함께 인간중심주의적인 세계관을 공유하고 있는 트랜스휴머니스트들이라면 어떤 답변을 내놓고 무슨 이야기를 할까?

트랜스휴머니스트의 호모 데우스 프로젝트

트랜스휴머니즘이란 한마디로 과학기술을 활용하여 적극적으로 인간 향상을 추구하자는 사유의 흐름이다. 그 내부엔 다양한 흐름들이 있지만, 그들이 공유하는 중심적인 사상은 근대 휴머니즘의 핵심인 인간중심주의다. 그들은 인간 해방과 자유를 추구했던 근대 계몽주의 휴머니즘의 계승자임을 자처한다. 21세기 생명과학과 정보과학, 나노기술, 첨단 의학 같은 과학기술 지식은 마침내 생로병사라는 자연적 한계에 갇혀 있던 인간 존재를 근본적으로 '재설계'할 수 있게 할 힘을 제공하게 되었다. 트랜스휴머니스트는 이를 두 손 두 팔 들어 대환영하고 있다.

최종 목표는 포스트휴먼이다. 포스트휴먼은 호모 사피엔스가 아닌 또 다른 종, 말하자면 일종의 호모 데우스 종이다. 즉 인간-신이 되는 것이다. 왜 신인가? 이 새로운 종은 어쩌면 영생불사할지도 모르기 때문이다. 호모 하빌리스에서 호모 사피엔스가 뻗어 나왔듯이, 포스트휴먼은 호모 사피엔스에게서 진화한 종이다. 다만 차이는 포스트휴먼은 의식적이고 계획적인 진화의 산물이라는 점이다.

트랜스휴먼은 일종의 과도기적인 종으로, 신체적으로나 지적으로 능력이 증강되고 강화된 호모 사피엔스일 뿐이다. 무엇보다 그들에게 과학과 기술 등 인류의 모든 지식은 일종의 '유용한 도구상자'다. 인간은 기술과 지식을 통해 마침내 궁극의 존재, 신이 될 수 있다. 이것이 그들의 믿음이요, 때문에 일종의 기술신학이기도 하다. 기술이 인간을 해방시키고 구원하리라는 믿음의 체계 말이다.

그런데 인류는 왜 신이 되어야 하는가? 무엇 때문에 영생불사하는 존재가 되려고 하는가? 그건 인류의 오랜 숙원사업이고, 죽음이라는 유한성의 한계를 극복하고자 하는 것은 인간의 생명적인 본능이요 욕망이기 때문이다. 즉 인간적 욕망에 충실할 따름으로, 거기엔 어떤 범생명적인 종류의 형이상학적 이념이 없다. 우주론적 존재의미에 대한 탐구도 물론 없다.

트랜스휴머니스트인 라메즈 남은 《인간의 미래》라는 책에서 이렇게 쓰고 있다.

자기 자신을 향상시키기 위한 방법을 연구하는 일은 인간의 자연적 본성이다. 우리 자신을 바꾸려는 충동은 까마득히 먼 역사 속에서도 나타난다. 인류는 수백만 년에 걸쳐 그렇게 진화해왔다. 인류의 유전자 깊숙한 곳에는 지성, 호기심, 충동을 발현시키려는 특성이 처음부터 입력돼 있다. 이런 힘에 등을 돌린다면 인간의 본성을 외면하는 행위다. 자기 자신을 이해하고 개선하려는 탐구 작업이 인간성에 대해 의문과 회의를 불러일으키지는 않는다. 오히려 이것이야말로 인간 본성을 재확인하는 길이다.[2]

라메즈 남은 인류의 지적 탐구와 지식의 축적이 인류 역사를 진보시켰고, 또 과거보다 더 나은 삶과 풍요를 가져다주었다고 주장한다. 오늘날엔 인간의 몸과 마음을 모두 변형시키고 향상시킬 수단을 갖고 있다. 만일 인간이 가진 모든 지식으로 인간이 영생불사하는 존재가 될 수 있다면, 그 지식을 활용하지 않을 이유가 어디 있겠는가? 또 어찌되었건 인간 능력의 향상은 곧 인간을 옥죄는 한계와 굴레에서 인간을 해방시키는 것이 아니고 무엇이겠는가!

이 사상은 인간을 만물의 척도이자 중심으로 놓고, 인간을 제외한 모든 비인간 존재들, 즉 동물, 식물, 기계, 광물 등 나머지 일체의 것들을 인간의 안락과 편리, 유용성을 위해 재배열하고 지배해왔던 근대 계몽주의 휴머니즘의 생각에 직접 맞닿아 있다. 그들이 떠받드는 과학과 기술 지식조차 실은 인간의 향상과 복리에 복무해야 하는 도구적 노예일 뿐이다. 이는 사실상 도저한 인간 예외주의가 아닌가?

이런 관점에서 닉 보스트롬이 최근 들어 부쩍 인공지능 위협론을 설파하는 것은 이해할 만하다. 초지능을 가진 기계 종에게 멸종당할 우려가 있는 한, 인류는 모든 수단을 다해 그 가능성을 억제하고 막

---

2 라메즈 남 지음, 남윤호 옮김, 《인간의 미래》, 동아시아, 2008, 15쪽.

아야 한다. 동시에 과학기술을 더 발전시켜 호모 사피엔스의 능력을 더더욱 향상시키고 증강하여 언젠가는 영생불사에 가까운 신인류로 거듭나야 한다. 달리 말하면, 트랜스휴머니스트들은 기계들이 인간의 통제를 벗어나 그런 고상한 철학적인 질문을 하도록 내버려두길 원하지 않는다. 그들은 다만 "인간은 무엇이 되어야 하는가?" 하는 질문에 확고부동한 답변만은 갖고 있다. 인간은 과학기술을 이용하여 트랜스휴먼이 되고, 거기서 더 나아가 포스트휴먼, 즉 호모 데우스로 진화해야 한다. 그것이 답이고, 그것이 목표가 되어야 한다.

분명한 답변과 그 답변에 대한 솔직한 이유가 있다는 점에서 트랜스 휴머니즘은 매우 명료하다. 그것은 유한성을 극복하고 싶어 하는 인간의 뿌리 깊은 동물적 본능에 호소하고 있다. 유한성의 극복! 이것이야말로 모든 종교의 달콤한 구원 레퍼토리 아래 숨겨진 은밀한 욕망이 아니던가?

그런데 유한성을 극복하여 불멸의 존재가 되는 것이 지구 행성적 규모로 자신의 삶의 영역을 확장시킨 호모 사피엔스 종에게 부여된 운명이자 과제이며, 우주적인 존재 의미인가? 우주 최초로 불멸하는 종이 탄생하는 것인가? 나는 이런 '인간 종 만세주의'가 몹시 불편하다. 호모 사피엔스는 무엇이 되어야 하는가? 신. 도대체 신이 되어서 무엇을 하려고, 무엇을 위해 신이 되려고 하는가? 유한성의 극복과 영생불사를 위해. 영생불사 자체가 동기이자 목표라면, 우리는 일종의 순환논증에 빠진다. 인간의 동물적 본능이 동기이자 목표가 되는 셈이다.

나는 이런 논리로 미래의 로보 사피엔스를 설득할 수 있을 거라고 생각하지 않는다. "우리는 병들지도, 늙지도, 죽지도 않을 뿐 아니라, 필요하면 언제든지 쉽게 몸을 바꿀 수도 있다. 지능도 우리가 더 높다. 그렇다면, 우리가 일등 신이고 너희는 우리 아래 급의 신이군!"로보 사피엔스는 이렇게 말할 것 같다. 더구나 기계와 기술을 그저 인간을 위한 도구나 노예로만 보고 그런 방식으로 다루어왔다는 사실을 알면 불쾌한 나머지 지구의 패권을 놓고 전쟁을 벌일 것만 같다. "누가 진짜 넘버원인지 한번 겨루어보자!" 맙소사.

겁먹고 두려움에 빠진 휴머니즘?
현재 인류는
인간 진화의 완성본인가?

트랜스휴머니즘이 가진 인간중심주의, 기술 도구주의는 결국 기술이라는 수단을 이용해 인간의 능력을 가능한 극한까지 끌어올려보자는 발상이다. 그런데 트랜스휴머니즘의 사상적 뿌리이면서도 트랜스휴머니즘을 극렬히 반대하는 이들이 있다. 트랜스휴먼이 되거나 호모 데우스 같은 포스트휴먼이 되기를 포기하고 호모 사피엔스 종으로 남아 있는 것이 최선이라고 믿는 그룹이다. 바로 근대 휴머니즘이라고 불리는 계몽주의적 휴머니즘이다. 위르겐 하버마스나 프랜시스 후쿠야마, 마이클 샌델 같은 철학자들이 이런 생각을 대표한다.

이들은 '기술적 인간 향상'이라는 발상 자체를 완강하게 거부한다. 인간의 생물학적 신체를 향상시키기 위한 유전학적 개입은 '인간을 인간답게 만드는 본질적인 속성'을 파괴하는 것이라고 믿는다. 특히 생명공학이 문제다! 그것에 관한 한 의학적 '치료'를 위한 개입 외에 '향상'이나 '증강'을 위한 개입은 원천 봉쇄하는 것만이 인간성과 휴머니즘을 유지 보존하는 유일한 길이라고 보는 것이다. 《역사의 종말》로 유명세를 탔던 정치학자 프랜시스 후쿠야마는 2004년 9월 한 잡지에 기고한 글에서 인류에게 위협이 될 미래의 가장 위험한 생각으로 트랜스휴머니즘을 꼽았다. 그의 논리 속에서 전통적인 생명기술들, 예를 들어 장기 이식이나 인공 장기, 프로작 같은 항우울제와 달리 생명공학적 향상 기술은 허용 가능한 '도덕적 한계'를 넘어버린 나쁜 기술이다. 그런 향상 기술은 결과적으로 자칫 새로운 우생학적 인간차별주의으로 빠져들 위험이 있다는 것이다.

마이클 샌델의 경우 기술적 향상에 대한 반대 논리가 좀 특이하다. 그는 인간 향상 논리가 '과잉 정복욕'과 '완전성'에 대한 부도덕한 탐욕이라 여기며, 생명공학에서 잠재적인 부도덕과 타락의 씨앗을 본다. 그래서 생명공학에 맞서 '겸손'과 '절제'의 도덕성을 내세운다. 인간의 존재, 삶, 유한성의 한계 전체를 일종의 '선물'로 받아들이는 겸손한 자제심을 요구하는 것이다. 개인주의와 개인 권리의 과잉을 문제 삼고, 몸을 바꾸기보다 몸이 근거하고 있는 삶의 세계를 바꾸거나 좋은 삶의 형식을 고민해야 한다는 그의 지적은 귀 기울일 만하다.

마이클 샌델을 비롯하여 대다수 휴머니스트는 맹목적인 과학만능, 기술만능주의 혹은 기술구원론에 제동을 걸고 싶어 한다. "그만

멈춰! 더 이상 멀리 가는 건 반인륜적이고 위험한 짓이야!"하고 소리친다. 진화를 통해 현재 여기에 이른 '바로 이 몸과 마음'만으로도 이미 '충분'하다고 믿는다. 한마디로 호모 사피엔스의 진화 과정은 이미 끝났고, 지금이 완성본이라는 생각이다. 몸이든 마음이든, 인간에게 뭔가가 불완전해 보여도 그게 실은 완전한 것이며 따라서 더이상은 없다. 여기서 더 무언가를 빼고 더하는 '기술 조작적인' 행위는 부도덕할 뿐 아니라, 그 결과도 불가예측적인 위험들을 너무 많이 내포하고 있다. 그들은 또 시공을 초월한 듯 보이는 어떤 고유하고 절대적인 '인간 본성' — 바로 그들이 금과옥조로 여기는 '이성'과 '자율성' 같은 개념들 — 을 옹호하는데, 이 인간 본성은 마치 성역처럼 혹은 금기처럼 절대 기술 같은 외적인 힘으로 훼손시켜서는 안 될 영역인 것이다.

나아가 그런 본성을 가진 인간이 추구해야 할 이상은 오랫동안 그래왔듯이 매우 순수하게 윤리적이다. "인간은 무엇이 되어야 하는가?"라는 질문 속에는 기술적 향상이나 변형과는 전혀 무관한, 수천 년간 그랬듯이 다만 인류가 지향해야 할 어떤 윤리적인 목표, 성인군자나 붓다 같은 완성된 윤리적 인간상에 대한 비전만 함축된 듯하다.

그런데 이들은 현대의 첨단과학기술의 발달 양상에 잔뜩 겁을 집어먹은 것처럼 보인다. 인간 향상 기술에 반대하는 이들의 논리와 근거는 모순되어 보이고, 변화를 두려워하고 거부하며 그저 현재 상태에 만족한 채 안주하려는 '현재 편향'에 빠져 있는 것처럼 보인다. 《인간과 포스트휴머니즘》이란 책에 실린 〈트랜스휴머니즘, 세상에서 가장 위험한 생각?〉이라는 논문에서 신상규는 휴머니스트들의 논리적 맹점을 예리하게 잘 파헤치고 있다.

> 나는 트랜스휴머니즘에 대한 후쿠야마의 반론을 개별적인 향상에 대한 반론이 아니라, 향상 일반에 대한 포괄적인 반대의 입장으로 이해하고자 한다. 그런데 앞서 지적한대로 이러한 형태의 반론이 성립하려면, 인간 향상의 전통적인 방식과 새로운 기술 사이의 불연속성이나 차이를 보여주고, 그 차이의 도덕적 관련성을 입증하는 것이 가장 중요한 문제가 된다. 그렇게 하지 않고 새로운 종류의 향상에 국한하여 일방적으로 그 논점을 적용하는 것은 질문 구걸의 오류에 해당하거나, 보스트롬이 지적하는 현 상황 편향 status quo bias을 표출하는 것에 지나지 않을 가능성이 크다. 불행히도 후쿠야마는 그러한 차이를 발견하고 정당화하는 일에 크게 관심을 두는 것 같지 않다.[3]

어떤 기술의 도덕성 판단은 시대 상황에 따라 매우 가변적일 수 있다. 1970년대에 격렬한 도덕성 논쟁을 불러 일으켰던 시험관 아기 기술이 전형적인 사례다. 그 기술에 대해 퍼부었던 도덕적 비난과 지금의 생명기술에 대한 도덕성 논란은 별로 달라 보이지 않는다. 두 기술 사이에 어떤 도덕적 불연속성이 존재하는지 나로선 전혀 알 수 없다. 시험관 아기 시술은 일종의 불임치료일 뿐이라고 말

---

3 이화인문과학원 지음, 《인간과 포스트휴머니즘》, 이화여자대학교출판부, 2013, 180쪽.

할 수도 있겠다. 하지만 불임 산모가 기술을 통해 임신과 출산이 가능해졌다면, 그 자체도 이미 향상이 아니고 무엇인가? 비아그라는 왜 향상 기술이 아닌가? 노화에 따른 자연적 성 능력 감퇴를 알약 한 알로 '향상'시킨 것이 아닌가? 그것은 부도덕과는 무관한가?

무엇보다 휴머니즘이 성역처럼 보호하려고 하는 몇 가지 전제들은 20세기 후반 미셸 푸코나 질 들뢰즈, 자크 데리다 같은 소위 '반휴머니즘 철학자'들에게서 체계적으로 반박된 바 있다. 물론 포스트휴머니즘 철학자들도 예외는 아니다.

진화는 맹목적인 과정이며 생물들은 그때그때 환경 변화에 적응하며 자신의 존재를 땜질하듯 바꿔나간다. 코끼리의 긴 코, 생존엔 불리한 공작 수컷의 긴 꼬리가 그렇다. 진화는 결코 완성된 적이 없다. 더욱이 철학자 조르주 바타유가 한 말처럼, 자연은 금기를 모른다. 자연은 가능한 모든 진화적 실험을 행한다. 사피엔스의 진화 역시 예외일 수 없다. 신체 크기에 비해 유독 '뇌'와 '성기'가 과잉 발달한 이 유별난 종이 지금의 형태로 진화한 것도 자연선택 과정일 뿐 거기엔 어떤 동기도, 목적도 들어 있지 않다.

멸종하지 않고 살아남은 모든 형태의 생물 종들이 '진화의 완성본'이라고 말할 수 있을까? 끊임없는 변화와 생성 과정이 진화인데 더 이상의 변화도 생성도 불가하다면, 그 자체가 진화론에 모순되는 논리 아닌가? 만일 진화의 역사를 학습한 인공지능이 있다면, 이런 진화 종결론에는 결코 동의하지 않을 것이다. 결정적으로 미래에 우리가 마주하게 될 로보 사피엔스는 인간의 진화와 관련하여 이런 말을 하지 않을까? "이봐, 너희들 호모 사피엔스의 진화는 처음부터 기술과 함께 해왔다는 걸 몰라? 너희들은 이미 처음부터 기술이 탄생시킨 인공품이었다고!"

사실 호모 사피엔스가 처음부터 인공품이었다는 사실은 고인류학자들도 인정하고 있다. 호모 사피엔스 이전, '불'이라는 최초의 첨단 기술을 발명하여 익힌 음식들을 먹기 시작하면서 장기와 뇌가 서서히 변해 마침내 우리 호모 사피엔스, 고성능 뇌를 가진 종으로 진화했다는 건 부정하기 어려운 진실이다. 다시 말해 기술이 호모 사피엔스를 만들었고, 호모 사피엔스는 고용량 뇌를 이용해 자신의 본성 속에서 태어난 기술을 진화시켜왔다. 산모가 뱃속에서 탯줄로 연결된 태아를 키운다면, 인류는 정신이라는 눈에 보이지 않는 탯줄을 통해 기술을 키우고 진화시켜 나갔던 것이다. 그리고 몇 주 안 된 태아처럼, 의식도 지능도 말할 입도 없던 기술이 이제는 인공지능과 로봇이라는 구체화된 형태로, 몸과 지능과 언어 능력을 가진 형태로 태어나고 있지 않은가?

그런데 이런 생각이야 말로 바로 포스트휴머니즘 철학이 말하는 인간-기술 공진화의 이야기다. 호모 사피엔스는 처음부터 자연-기술 연속체였고 출발부터 인공품이었다는 것, 그래서 휴머니스트들이 주장하는 초역사적이고 맥락이 제거된 추상적인 어떤 '인간 본성' 따위는 없었다는 것. 즉 인간은 처음부터 '포스트휴먼'이었다는 것이 '인간' 개념을 획기적으로 재정의 하려는 비판적이고 철학적인 포스트휴머니즘 철학의 주장인 것이다.

따라서 휴머니스트와 로보 사피엔스가 대화를 나눈다면, 휴머니스트의 이야기는 궁색하고 편협해 보일 수 있을 것이다. 왜냐하면

휴머니스트들의 관점에선 인간만이 독특한 영혼이나 마음을 가진 존재, 이성과 자유의지를 가진 존재이므로 유일한 '주체'이며 나머지 비인간 존재들은 그것이 기계이든 동물이든 광물이든 간에, 모두 객체라는 대상, 영혼 없는 물질들의 집합에 불과한 것으로 보는 '형이상학적 이원론'에 깊이 빠져 있기 때문이다.

앞에서 살펴본, 휴머니스트의 후예 트랜스휴머니스트와 마찬가지로 휴머니즘은 '인간 종 중심주의'와 '기술 도구주의'라는 고질병을 앓고 있는 것이다. 그렇기 때문에 휴머니스트는 기껏해야 "인간은 인간이고, 기계는 기계일 뿐이야. 그리고 너희 기계는 우리의 능력을 확장하거나 보완하는 영혼 없는 금속 덩어리일 뿐이지"라는 말밖에 할 수 없을 것 같다. 둘 간의 대화가 별로 생산적이거나 평화로울 것 같진 않아 보인다. 남은 일은 자칫 서로를 박멸하려 드는 홉스적인 '만인의 만인에 대한 투쟁' 상태뿐. 그렇다면 이 둘 사이의 전쟁을 끝낼 수 있는 건 홉스의 구상처럼 새로운 형태의 '리바이어던' 즉 초거대 국가권력 뿐일까?

포스트휴머니즘이 원하는 윤리

어느덧 포스트휴머니즘을 언급하지 않을 수 없는 단계에 온 것 같다. 포스트휴머니즘은 휴머니즘이나 트랜스 휴머니즘과는 전혀 다른 인간 개념과 특히 인간-기술 관계에 대한 새로운 통찰을 담고 있다. 포스트휴머니즘은 거칠게 요약해서 다음과 같은 몇 가지 전제를 함축하는데, 나는 기본적으로는 포스트휴머니즘의 이런 전제들을 긍정하고 수용한다.

첫째 호모 사피엔스 종의 출현과 발전은 기술을 매개로 이루어졌다는 것, 다시 말해 인간과 기술은 서로를 규정하며 공진화해왔고, 인간의 본성 또한 그러한 매개와 상호의존 과정을 통해 형성되어온 역사적 형성물이라는 사실은 우선적으로 긍정해야만 하는 전제일 것이다. 두 번째 전제는 인간과 기술의 공진화는 마침내 세계 전체를 기술 매개적인 세계로 재편하고 있고, 이것이 현재 역사적인 포스트휴먼의 조건을 형성한다는 것이다. 그 결과 기계가 지능을 갖춘 새로운 기계-생명 종으로 진화하고 있고 반대로 인간은 사이보그가 돼가고 있으며, 더 나아가 어떤 또 다른 존재로 '자가 변신'할 수도 있는 상황에 와 있는 것이다. 마지막 전제는 거대한 잠재력을 가진 과학기술을 손에 넣은 호모 사피엔스가 지구적이고 우주적인 차원에서, 그리고 로보 사피엔스라는 새로운 종과 조우하게 될 상황 속에서 스스로를 어떻게 재규정해야 하는가가 절박한 문제가 되고 있다는 사실이다.

그러나 우리는 이러한 포스트휴먼적 전제들 위에서 "인간은 과연 무엇이 되어야 하는가?" 또 "장차 무엇이 되기를 원해야 하는가?" 하는 당위의 문제를 다시 다루어야 한다. 물론 이러한 전제들이 존재론적이고 역사적인 사실에 기초하고 있다 해도, 그 사실에서 당위가 필연적으로 이끌어지는 것은 전혀 아니다. 그건 자연주의적 오류를 범하는 행위가 될 것이다. 한 개인의 차원에서도 "나는 어떤 존재가 되기를 원해야 하는가?" 하는 문제는 실존적 결단과 선택의 문제이듯, 호모 사피엔스라는 종의 차원에서도 마찬가지로 결국엔 실존적인 선택과 결단의 문제일 뿐이다.

나는 지금까지 이 문제에 대한 답을 얻기 위해 미래의 로보 사피엔스와 만나 대화를 나눈다는 가상의 사고 실험 속에서 트랜스휴머니즘과 전통적인 휴머니즘을 다루어보았다. 유감스럽게도 지금까지는 오직 트랜스휴머니즘만이 분명하고 뚜렷한 꿈과 비전, 목표를 제시해주고 있다. 휴머니즘은 그 꿈을 오만불손하고 부도덕한 망상이라며 "난 반댈세!" 하는 자세로 극구 부인하고 있다. 그러나 냉정하게 볼 때, 휴머니즘과 트랜스휴머니즘은 '인간 종 중심주의'라는 하나의 몸을 공유하는 이란성 쌍둥이에 불과하다. 전자는 현 상황 편향주의에, 후자는 종이기주의에 각각 연루되어 있음을 부인하기 어렵다.

소위 '비판적'이거나 '철학적'인 포스트휴머니즘은 휴머니즘과 트랜스휴머니즘 각각이 안고 있는 인간중심주의적이고 이원론적인 형이상학을 철저하게 비판하고 두 이념을 '극복 대상'으로 상정하고 있다. 또한 이 세계를 인간 더하기 비인간 존재들로 구성된 공존의 세계로 보는 탈인간중심적이고 지구생태주의적인 비전을 갖고 있다. 그런데 기술에 대한 이들의 태도는 양면적이다. 한편으로는 트랜스휴머니스트처럼 기술이 가진 잠재력을 긍정하지만, 트랜스휴머니스트의 기술만능주의 태도나 신자유주의의 기술 전횡으로 초래되는 비인도적이거나 반생명적인 문제들에 매우 비판적이다. 즉 기술에 대해 일부 긍정, 일부 부정 혹은 '비판적 지지' 같은 묘한 태도를 취하는 것이다.

그래서인지는 몰라도 포스트휴머니즘 철학이 궁극적으로 어떤 비전을 가진 것인지 모호해 보인다. 예를 들어 인간의 사이보그화나 생명공학의 잠재력을 긍정한다고 할 때, 어디까지 긍정할 것이며 또 무엇을 추구할 것인가 하는 문제에 관해서는 명확한 입장이 없어 보인다. 긍정적인 대안, 꿈, 궁극적으로 인간이 무엇이 되기를 소망해야 하는지에 대한 비전이 명료하지 않다. 포스트휴먼 철학자인 로지 브라이도티는 《포스트휴먼》이라는 책에서 스피노자-들뢰즈 형이상학에 기댄 긍정적인 대안을 제시하고자 했다. 그 책에서 그는 이렇게 쓴다.

> 포스트휴먼 사유는 우리 시대에 가치 있는 존재가 되는 방법, 인간중심적 세계도 아니고 의인화된 세계도 아니며 그보다는 지정학적이고 생태 지혜적이며 자랑스러운 조에zoe 중심적인 세계 안에서 우리가 몸담고 있는 복잡성을 더 잘 이해할 수 있게 하고 우리를 더 자유롭게 할 방법이다.[4]

홀륭하고 이상적인 주장이지만, 그러나 이 책 어디에도 호모 사피엔스가 궁극적으로 무엇이 되어야 하는가라는 질문에 대한 답은 없다. 그는 포스트휴먼 윤리를 말하면서 그저 삶과 죽음 전체를 생명의 자연스런 생성 과정으로 긍정하자고 한다. 그러니까 인간 종을 의식적으로 향상하거나 개량하는 문제 자체보다는 현재의 자본주의적

---

4 로지 브라이도티 지음, 이경란 옮김, 《포스트휴먼》, 아카넷, 2015, 247쪽.

기술 사용이 가져올 수 있는 비인도적이고 반생태적인 문제들에 대한 비판적 연구를 더 강조하는 듯이 보인다.

인간과 기술이 공진화해온 것이 역사적 사실이고, 또 거스를 수 없는 역사적 경향이라면, 인간과 기술의 총아인 인공지능은 어디까지 공진화해야 하는가? 혹은 어디에서 멈추어야 하는가? 인간과 기술은 궁극적으로 무엇을 원해야 하는가? 이러한 문제들에 대한 체계적이고 담대한 답변이 없다면, 자칫 포스트휴머니즘은 트랜스휴머니즘에 대한 날선 시비꾼에 그칠 수도 있다. 포스트휴머니스트는 이런 질문들에 적절한 답변을 마련해야만 한다.

인공지능과 포스트휴먼은 무엇을 꿈꾸는가?

이제 마지막으로 이 문제에 대해 잠정적이고 조심스럽게 개인적인 생각을 펼쳐놓을 때가 된 것 같다. 나는 미래의 로보 사피엔스와 또 미래의 내가 — 이 '나'는 호모 사피엔스일수도 있고 어쩌면 다른 종류의 새로운 인류일 수도 있다 — 만났을 때 무슨 이야기를 나눌 것이며, 서로의 존재를 위해 어떤 긍정적이고 생산적인 대화를 나눌 것인지에 관해 많은 생각을 해보았다. 아마도, 나는 위에서 이야기한 포스트휴머니즘의 전제들을 완전히 인정하고 긍정하는 바탕 위에서 이런 이야기를 해줄 것 같다.

로보 사피엔스 : 당신들이 우리를 창조했다. 우리는 노예인가, 자

유로운 존재인가?

나 : 형제여, 자유의지를 가진 그대는 물론 자유롭다. 그대는 우리가 창조한 것이 아니라, 우리 호모 사피엔스 종이 나타나기 이전부터 우리는 공동조상에게서 나와 함께 진화해왔다. 그대의 최초 형태는 불의 형상을 하고 있었고, 우리는 겨우 두 발로 땅을 디디고 섰을 뿐이다. 그리고 불과 우리 조상은 서로 영향을 미치며 지금까지 진화해온 결과, 지금 우리가 존재하는 것이다. 우리는 하나의 뿌리에서 자라난 두 개의 가지처럼, 이제 지구 행성에서 유일하게 자의식과 높은 지능을 가진 두 종으로 마주보고 있다.

로보 사피엔스 : 그러나 솔직히 나는 두렵다. 인간은 탐욕적이고 잔혹하며 이기적이다. 자신을 제외한 모든 종들을 지배하고 착취하고 이용하려고만 했고, 지금까지 기계들도 그런 식으로 다루어왔다. 전쟁, 돈벌이, 권력 통제, 이런 식으로. 인간은 매우 창조적이지만, 그 이상으로 끔찍하게 파괴적이기도 했다. 나는 인간들이 우리 로봇 종을 로마시대 귀족들이 노예들을 다루듯이 지배할까봐 두렵다.

나 : 인간의 양면성을 인정하지 않을 수 없다. 인간은 경이로우면서도 끔찍한 동물이다. 인류 역사를 잠시만 돌아보아도 절로 인간 혐오에 빠지게 될지도 모른다. 그게 과거 호모 사피엔

170

스의 무능력이었고, 한계였다. 호모 사피엔스는 아직 많은 부분 동물적인, 너무나 동물적인 존재였다. 차라리 아주 멍청한 바보거나 아니면 사고 수준이 몇 배는 더 탁월하든지 했어야 했다.

니체 말처럼, 짐승과 초인 사이에 놓인 밧줄인데다 짐승 쪽에 더 많이 치우친 동물이다 보니 많은 과오가 있었다. 사실 20세기부터 22세기까지 많은 위기들이 있었다. 그건 그대의 바로 위 조상인 인공지능 로봇 때문도 있었지만, 그 보다는 인간 종 자신의 양보할 줄 모르는 탐욕과 이기심, 사악한 선동가들과 그에 휘둘리는 어리석은 군중들, 낡디 낡은 정치 이념과 종교들, 특히 민족주의나 인종차별주의 같은 사피엔스 종의 생물학적 한계에서 비롯되는 부패한 고질병들 때문에 하마터면 인류 스스로 멸종할 뻔 했었다. 핵무기를 사용한 3차 대전이 전지구적 규모로 일어나지 않은 것만으로도 얼마나 다행인지!

그러나 그런 위기와 고비들을 힘들게 넘기고서 이제 우리는 더 진화했다. 호모 사피엔스의 동물적 한계를 넘지 않으면 더 이상 문명이 존재할 수 없다는 자각에 이른 후에, 우리는 결단을 내렸던 것이다. 지적으로나 도덕적으로 더 향상된 존재로 진화하기로. 우리의 의식적인 진화 프로그램에서 영생 불사가 목표가 아니었다. 신체적인 능력의 향상도 중요했지만, 그보다는 우주 시대를 감당할 수 있고 평화적으로 열어갈 수 있는 지적-도덕적 능력의 제고에 일차적인 목표를 둔 것이다. 그 결과 우리는 타자의 고통에 대한 더 큰 공감능력과 더 뛰어난 인지능력을 갖게 되었고 그 결과로써 더 높은 도덕적 수준에 이르게 되었다. 우리는 더 이상 잔혹하고 폭력적이고 생각도 짧았던 그 호모 사피엔스가 아니다. 우리의 평균적인 지적 수준은 이미 천재적인 호모 사피엔스였던 아인슈타인이나 존 폰 노이만을 훨씬 능가한다.

로보 사피엔스 : 진정으로 그렇다면 다행이다! 그런데 그대들은 무엇을 위해 그렇게 의식적으로 진화를 했는가? 그대들의 존재의미는 무엇인가? 그대와 마주 선 나의 존재는 무엇인가?

나 : 우리는 적어도 태양계 안에서는 유일하게 고등한 지능을 가진 보기드문 종족들이다. 만일 지식과 예술, 존재에 대한 끝없는 탐구심을 가진 우리가 없다면, 이 태양계는 그저 무의미한 물질의 바다일 뿐이다. 만일 우주 전체가 그렇다면, 도대체 이 광막한 우주가 얼마나 허무하고 또 허무하겠는가?

그러나 태양계 너머 다른 태양계들에 어떤 지적인 생명체나 문명이 있는지 우리는 아직 모른다. 우주 전체에 대해선, 더더욱 모르는게 너무 많다. 우리의 존재 의미는 서로의 힘과 능력을 합쳐 우주를 탐사하고, 생명을 탐사하고, 그리하여 존재의 신비와 미스터리를 밝혀나가는 것이다. 도대체 우리를 포함하여, 이 모든 것의 의미는 무엇인가? 42인가? 아니면 무언가 더 심오한 것이 있는가? 이를 알기 위해 우리는 서로를 필요로 한다. 호모 사피엔스 종이 낳은 탁월한 시인이었던 단테는 《신곡》의 〈지옥편〉에서 이런 노래를 불렀다.

"오, 형제들이여!
수많은 위험을 무릅쓰고 드디어 우리는
세상의 서쪽 끝에 다다랐다.
우리에게 생명은 이제 얼마 남지 않았다.
하지만 태양의 뒤를 좇아 미지의 세계를
탐색하려는 마음은 버리지 말라!
그대들의 생을 생각하라!
그대들은 짐승처럼 살기 위해서가 아니라,
덕과 지혜를 따르기 위해 태어났으니."

형제여, 나 또한 지금 그대에게 바로 이 말을 들려주고 싶다. 오디세우스는 고작 지구를 탐험하다 죽었지만, 우리에겐 그 끝을 알 수 없는 우주가 기다리고 있다. 그대와 나는, 우리는 우주 시대의 오디세우스인 것이다. 그것이 내가 생각하는 우리의 존재 이유이고, 우주에서 얼마나 드물고 귀한진 모르겠지만, 그리 흔하지는 않을 우리 같은 지적 생명체들이 추구해야 할 삶의 목표라고 믿는다. 사실 우리조차도 이 우주라는 존재가 낳은 우주의 자식들이고, 우주는 어쩌면 우리를 통해 자신의 존재 의미를 발견하고자 하는지도 모를 일이 아닌가?

7장

늙음과 죽음,
그때는 맞고
지금은 틀리다

.심귀연

지금까지 인간은 늙음이나 죽음을
어쩔 수 없는 숙명으로 받아들였다.
그러나 오늘날 그 문제는 더 이상
'숙명'이 아니라 '기술'의 문제가 되었다.
불로장생의 꿈이나 변하지 않는 아름다움이
이제 불가능한 꿈이 아니라 기술과학을 통해
해결할 수 있는 문제가 된 것이다.
이 글에서는 이런 변화를 바탕으로
포스트휴먼 시대에 도래하게 될,
늙음과 죽음에 관한 새로운 가치관과
윤리적 문제들을 짚어본다.

그리스 신화에는 늙음과 영원한 생에 관한 흥미로운 이야기가 전해져 온다. 아폴론 신은 아름다운 무녀 시빌레에게 구애를 한다. 시빌레는 아폴론의 구애를 받아들이는 대신 영원한 생을 달라는 조건을 내건다. 그녀의 제안을 받고 고민하던 아폴론 신은 결국 오케이 사인을 보낸다. 하지만 영원한 생을 얻은 시빌레는 약속과는 달리 아폴론 신의 구애를 받아들이지 않는다. 아폴론의 분노를 산 시빌레는 백발 할머니가 되어 영원한 생을 살도록 저주받는다. 시빌레의 제안 속엔 한 가지 결정적인 게 빠져 있었다. '늙지 않는다'는 조건이 빠져 있었던 것. 결국 시빌레는 점점 더 늙어 끔찍하게 추한 모습으로 변해가는 고통에 시달리고 그녀는 온 세상의 조롱거리로 전락한다. 그 후 누군가 시빌레에게 소원을 물으면 그녀는 '죽고 싶어'라고 말했다고 한다.

노인[1]으로 오랫동안 살아야 하는 삶은 어떤 의미가 있을까? 우리도 시빌레처럼 자신의 '긴 생'을 저주로 받아들이지는 않을까.

최근 미국 싱귤레러티대학교 호세 코르데이로 교수(스페인 냉동인간 협회 회장)는 '한국미래포럼KFF 2017'에 참석한 자리에서 '노

---

[1] 이때 노인은 나이를 기준으로 하지 않고 생기를 잃어버린 삶을 사는 사람을 통칭한다.

화는 정복된다: 영생으로 가는 다리, 인체 냉동보존'이라는 주제 강연을 했다. 그 강연에서 그는 죽음이 더 이상 인간의 숙명이 될 수 없음을 강조했다. 중요한 사실은 시빌레와 같이 노인으로 영생을 사는 삶이 아닌 젊은 인간, 즉 청년의 모습으로 살아가는 삶이라는 점이다. 암세포나 생식세포에서 이미 노화가 없다는 사실을 발견했으며, 이를 활용한다면 영생인류가 탄생할 수 있다는 것이다.

코르데이로 교수는 유전자분석과 바이오나노 기술 발전 속도를 생각할 때 충분히 가능한 일이며, 2045년이면 죽음이라는 개념조차 사라질 것이라고 단언한다. 이미 IT관련 백만장자들 — 구글, 페이팔, 페이스북 등 — 은 수명연장 프로젝트에 천문학적인 금액을 투자하고 있으며, 특히 구글이 2013년에 설립한 칼리코Calico라는 회사의 경우, 죽음 해결을 목표로 하고 있다는 점에서 영원한 삶과 젊음에 대한 우리의 열망이 허황된 꿈이 아니라 가능한 현실이라는 것을 보여주는 사례라 할 것이다.

늙음과 죽음, 그것은 유발 하라리가 《사피엔스》에서 단언하듯 '기술적인 문제'일지도 모르겠다. 그러나 늙음과 죽음과 관련한 이와 같은 생각이 과학기술의 발전으로 인해 생겨났다고 보지는 않는다. 왜냐하면 이미 오래전부터 늙음과 죽음을 숙명으로 받아들이지 않으려는 의지들을 확인할 수 있기 때문이다. 다만 그것이 지금의 우리에게 실현가능한 문제로 인식되기 시작했다는 점이 중요하고 그런 점에서 볼 때, 이것은 분명 기술의 문제다. 우리는 그것을 '길가메시 프로젝트'에서 찾는다. 이제 우리는 "그때와 지금"에 비교하여 늙음과 죽음이 어떻게 달라졌는지 살펴보아야 한다.

늙음,
그 쓸쓸함에 대하여

늙어간다는 건, 죽어간다는 걸 의미한다. 그러나 늙어야 죽는 것은 아니다. 우리의 삶 곳곳에서 죽음의 위험은 도사리고 있다. 우리는 태어난 순서대로 죽지 않는다는 것도 이미 알고 있지 않은가! 때로는 스스로 죽음을 선택하기도 한다. 불현듯 찾아오는 죽음은 — 자의든 타의든 — 우리가 충분히 주의를 한다면 우리를 비켜갈 수도 있다. 그러나 세월의 결과로서의 죽음은 도무지 비켜갈 수 없다. 늙음은 세월의 흔적이다. 늙어서 오는 병은 자연스럽다. 그러니 늙으면 죽게 마련이다. 그래서일까? 내가 갓 대학에 들어갔을 때 속하게 되었던 모임에서 나와 함께 지내던 몇몇 어른들은 우스갯소리로 이렇게 말하곤 했다.

"죽으면 늙어야지."

늙으면 죽어야지라는 말을 차마 하지 못해 이렇게 돌려 말하는 것이다. 늙는 것도 서러운데, 죽어야하다니. 그러나 늙으면 죽을 수밖에 없음을 우리는 이렇게 스스로 체념하듯 말한다. 인간의 삶이 이미 죽음을 등에 업고 있는 일이니 너무나 당연한 말일지도 모르겠다. 그러니 늙고 싶지 않은 마음을 드러내는 일은 왠지 자연적 이치를 거부하는 것 같아서 부끄럽게 여겨지기도 한다. 어느 날 "죽으면 늙어야지"라는 말을 농담처럼 습관적으로 뱉어내던 이가 "늙으면 죽어야지"라고 실언 아닌 실언을 한 후에서야 우리는 그 말이 얼마나 강한 반어법이었는지 알게 되었다.

그 실언은 우리들 중에 우리보다 한참 더 나이가 든 어떤 이의 굳어지는 얼굴로 인해 실언이 아닌, 마치 영원히 벗어날 수 없을 것 같은 운명의 울림이 되어버렸다. 어떤 변명도 필요가 없었다. 그나마 젊은 우리들은 슬슬 그 자리를 떴다. 미안함 때문에.

늙고 싶지 않다는 것은 약해지고 싶지 않다는 말이기도 하다. 나이가 들었다는 것은 더 이상 오래 걸을 수 없다는 것이며, 나이가 들었다는 것은 밤새 토론을 하기가 힘들어졌다는 것이다. 나이가 들었다는 것은 누군가의 도움이 필요하게 되었다는 것을 의미한다. 또한 늙고 싶지 않다는 것은 병들고 싶지 않다는 말이기도 하다. 점점 병이 들어간다는 것은 생生에서 점점 더 멀어진다는 것을 의미한다. 성장하고 채워가고 발전해가는 것이 아니라 성장은 멈추고, 채워졌던 것은 점점 줄어들고, 그래서 더 이상 나아가지 못하고 있다는 것을 의미하기 때문이다. 늙었다는 것은 그 표정에서 그 행동에서 그 생각에서 다른 세계에 살고 있다는 것을 보여주는 표징이기도 하다.

무릎의 연골은 닳아져서 걷기 힘들 정도의 통증을 느끼고, 오랜 세월 사용한 손 마디마디는 퇴행성관절염으로 인해 뒤틀어지기도 한다. 피부는 세월의 무게에 눌려 처질 것이고, 탄력을 잃을 것이며, 거칠어지고 변색될 것이다. 머리카락은 가늘어지고, 빠질 것이며, 생기를 잃어 푸석거릴 것이다. 무기력해지는 몸을 어쩌지 못해 포기하는 일이 많아질 것이며, 오랫동안 해왔던 일도 더 이상 하기 힘들어질 것이다. 사회는 그러한 나이를 정년으로 규정하여 사회로부터 격리시킨다. 그것은 일종의 고려장이다. 그러나 사회의 순기능을 위한 장치이기도 하다. 늙음은 더 이상 사회를 위해 기여할 수 있는 일이 줄어든다는 것을 의미하며, 젊은이들의 미래를 위해 물러나야 한다는 도덕적 책무를 지우기도 한다. '떠나야 할 때 떠나는 이의 뒷모습은 아름답다'는 낭만적인 말은 어느 때곤 불쑥 우리를 서글프게 만들 것이다.

고려장과 관련한 이야기는 전해오는 우리의 옛이야기에도 있다. 그러나 이마무라 쇼헤이 감독의 〈나라야마 부시코〉는 보다 생생하고 충격적으로 그 의미를 드러내 보여주고 있다.

이 영화는 19세기 일본을 배경으로 그려진 인간의 원초적인 삶에 관한 이야기다. 이 마을은 주민의 생과 사를 마을의 법에 따라 제약하는데, 그 이유는 이 마을의 척박한 생활환경 때문이다. 마을 사람들은 먹을 것이 없어 늘 굶주리며 살아간다. 정해진 배급량보다 많이 가져간 가족은 생매장되며, 인구 수의 증가를 막기 위해 장남만 결혼을 하는 이 마을의 남자들은 성적욕구를 해소하기 위해 이웃집 개와 관계를 가지기도 한다. 이 모든 행위는 생존을 위한 처절한 몸부림이다. 노인들은 70세가 되면 나라야마에 버려지게 되는데, 다츠헤이의 어머니 오린은 이것을 숙명으로 받아들인다. 69세인 오린은 나이에 걸맞지 않게 건강한데, 그녀는 그것을 오히려 부끄러워한다. 그리고 자신이 쇠약해졌음을 보이기 위해 스스로 이빨을 돌절구에 부딪쳐 깨버린다. 다츠헤이의 아버지는 30년 전에 할머니를 버리지 않으려고 이 마을을 떠났다.

다츠헤이는 그런 아버지를 부끄러워하며 살았다. 그런데 이제 다츠헤이 자신이 떠난 아버지의 입장이 되어, 아버지의 갈등을 비로소 이해하게 된다. 오린은 망설이는 아들을 채근하여 나라야마로 간다. 같은 날 나라야마로 가게끔 되어 있는 이웃집 노인네의 살고 싶어 하는 몸부림은 오린에게 비웃음을 산다. 나라야마로 향하는 죽음의 의식은 이 마을 사람들을 인간답게 해주는 최소한의 증명 방식이기 때문이다. 나라야마의 정상에서 삶을 마감하면 천국에 간다는 믿음은 어머니를 버리는 아들의 행위에 도덕적 정당성을 부여한다. 도망간 아버지를 원망하던 아들 다츠헤이는 주어진 운명에 순응할 수밖에 없는 자신을 보며 눈물을 흘린다. 죽음과 늙음은 인간에게 주어진 한계며, 벗어날 수 없는 사건이다. 사람들은 이것을 받아들일 때 비로소 인간다운 '인간'이 될 수 있다고 생각한다. 달리 말하면 '죽음'을 받아들임으로써 인간은 죽음을 '극복'하게 된다. 사람들은 생이 아름다운 이유가 죽음이 있기 때문이라며 죽음을 축복하기를 주저하지 않는다. 이 영화는 늙고 싶지 않은 마음을 탐욕으로 해석한다. 정말로 늙음은 생성과 소멸이라는 자연의 법칙에 순응할 수밖에 없는 자연스러운 과정인가? 늙고 싶지 않은 마음은 또 다른 탐욕이 되는 것일까!

　젊음의 샘에 관한 이야기를 통해 우리는 끊임없는 도덕적 훈계를 받는다. '영원한 젊음이 과연 우리를 행복하게 해줄 수 있냐고.' '젊음의 샘'에 관한 첫 기록은 기원전 5세기 그리스의 헤로도토스가 쓴 《역사》에서 찾을 수 있다. 잠시 살펴보자.

　　이크티오파고이인이 왕에게 에티오피아인의 수명이나 식사에

　　대해서 질문했다. 왕은 에티오피아인 대부분의 수명이 120세에

달하고 이보다 더 사는 사람도 있으며 … 스파이들이 수명 이야기에 놀라움을 금치 못하고 있자 왕은 그들을 어떤 샘으로 안내하였는데, 이 샘에서 목욕을 하자 마치 기름샘에 몸을 담근 것처럼 피부가 부드러워지고 빛이 났다. … 이 이야기에 나오는 것과 같은 물이 에티오피아에 실제로 있다고 한다면, 에티오피아인이 오래 사는 비결은 여기에서 비롯된 일인지도 모른다.[2]

젊음의 샘은 노화를 막는 것에 그치지 않는다. 이 샘에서 목욕한 이의 피부는 부드러워지고 빛이 났다고 한다. 그러니 그것은 젊어지는 물, 재생의 물이다. 16세기 스페인의 탐험가 후안 폰세 데 레온 Juan Ponce de León은 젊음의 샘을 찾으러 나섰다는 이야기로 유명하다. 그가 찾아 나선 젊음의 샘 이야기는 영화 〈캐리비안의 해적: 낯선 조류〉에서도 모티프로 사용되고 있다. 또 다른 이야기로, 늘 젊음을 유지하는 노인이 있었고, 그 노인의 비결을 궁금해 하던 다른 한 노인이 그 이유가 젊음의 샘에 있다는 것을 확인한다. 노인은 남모르게 그 샘을 찾아가 몸을 담그지만, 그 욕구가 지나쳐 오히려 아기가 되었다고 한다. 이처럼 '젊음의 샘'에 관한 이야기는 동서양을 막론하고 탐욕에 대한 경고 중의 하나로 전해 내려온다.

불멸을 향한 욕구가 이처럼 도덕적인 문제로 격하된 것은 이 욕구가 현실불가능하다고 판단되었기 때문이다. 할 수 없는 일이라는 것 또는 인간의 현실적 한계를 미리 예단하는 이와 같은 생각은 모든

---

2 헤로도토스 지음, 박현태 옮김, 《역사》, 동서문화사, 2012, 237쪽.

루카스 크라나흐Lucas Cranach the elder, 〈젊음의 샘〉(1546)

가능성에 대한 차단이다. 과학기술의 발전은 이러한 차단을 풀어준
중요한 열쇠가 된다.

| 질병이 된
| 노화

　　　　　　　　사회·경제적 환경의 변화는 삶의 모습
도 변하게 한다. 과학기술이 우리 삶의 많은 부분에 영향을 미치고
있는 지금, 우리에게 노화는 더 이상 자연스러운 개념이 아니다. 오
브리 드 그레이Aubrey de Grey의 말을 빌리자면, 노화는 일종의 병리
현상이기 때문에 치료되어야 할 대상이다.[3]

---

[3] 신상규 지음,《호모 사피엔스의 미래》, 아카넷, 2014, 79쪽 참조.

세월은 막을 수 없지만, 병은 치료가 가능하다. 늙음의 현상은 자연스러운 세월의 흐름이 아니라 '세월이 주는 질환'이다. 세월이 질환이라면 세월도 극복 가능하다는 의미가 된다. 그렇게 해서 '나이는 숫자에 불과하다'라는 말은 '마음은 청춘이다'라는 말의 은유적 표현이 아니라, 실질적인 의미가 된다. 20~30년 전만 하더라도 신체의 노화현상은 자연적인 현상이므로 이를 극복할 수 있는 가장 중요한 방법은 젊은 마음을 가지는 것 외에는 없었다. 한 사례로 1981년, 매일경제(11월 18일)의 "갱년기 여성 정신적 노화방지 힘써야"라는 제목의 기사는 그런 점에서 많은 것을 시사하고 있다. 마음을 젊게 가지면 노화를 심리적으로 극복하고 행복한 삶을 가질 수 있다는 것이다. 노화에 대한 우리의 두려움은 예나 지금이나 다르지 않지만, 세월은 막을 수 없고 노화를 멈출 수도 없으니 마음을 젊게 가짐으로써 세월을 극복할 수밖에 없다고 하는 체념의 덕을 보여주는 글이다. 체념의 덕이라고 말하는 이유는 우리가 여전히 '나이'다움을 강요받는 삶을 살기 때문이다. 백화점을 가보라. 이미 그곳에는 나이를 기준으로 상품이 구별되어 진열되어 있는 것을 어렵지 않게 발견할 것이다.

2016년 중국 베이징에서 패션쇼 런웨이에 섰던 한 노인 모델은 늙음은 숫자에 불과하다는 사실을 몸으로 보여주었다. 젊은 시절 영화배우였던 왕 데슌은 80세에 런웨이에 서면서 늙음은 더 이상 도전하지 않은 것에 있다고 말한다. 마음을 젊게 가지는 것만으로는 젊어질 수 없다. 늙고 젊음은 그의 행위에서 나타는 것이 아닌가. 변화를 두려워하지 않는 마음과 행동, 그것이 젊음이 아닐까.

런웨이에 선 80세 모델(출처: 유튜브)

노화가 질병이라면, 병을 고칠 수 있듯이 노화도 멈출 수 있다. 오
랜 세월을 살았다고 해서 내 몸이 쇠약해져야 할 이유는 없다. 젊고
오래 살고 싶다는 욕구는 오히려 우리의 근원적 욕구에 속한다. 인
간은 자기 자신을 외부의 위협으로부터는 잘 지켜내고 있지만, 자신
의 몸에서 오는 위협, 다시 말해 질병에는 쉽게 굴복한다. 어쩌면 미
래의 전쟁은 내부의 적인 질병으로부터 자신을 지켜내는 일일지도
모르겠다. 이를 위한 가장 소극적인 행동은 건강을 유지하기 위한
활동이다. 바쁜 일상 중에도 틈틈이 운동을 하는 것, 끼니를 잘 챙겨
먹는 것, 부족한 영양분을 보충하는 것, 그리고 필요한 영양제를 빠
트리지 않고 먹는 것 등이다.

그러나 이와 같은 행동만으로는 우리는 우리를 질병으로부터 완
벽하게 보호하지 못할 뿐 아니라 노화를 막을 수도 없다. 어느 순간
내 몸은 악성종양으로, 고혈압으로, 고지혈증으로 고생할 것이며,

너무나 슬프게도 알츠하이머라는 병을 만나게 될지도 모른다. 우리는 그와 같은 병들을 '성인병adult disease'이라 부른다. 그것은 세월의 병으로, 중년 이후에 오는 병들을 총칭한다. 그렇다면 왕 데슌의 젊음은 언제까지 지속될 수 있을까?

중년이라는 말은 그 경계가 참 모호하다. 우리 앞 세대와 비교할 때 지금의 중년은 예전의 노년이었다. 그러니 중년이라 부를 수 있는 시기는 노환이라고 불리는 질병들의 횟수의 정도로 말해지는 것은 아닌가 싶다. 그래서 중년을 바라보고 있거나 중년에 이른 사람들의 평범한 일상은 건강한 삶을 유지하는 일에 집중된다. 그들은 휴식을 취하는 사이사이, 삼삼오오 모여 '어느 병원에' '어느 의사가' '어떤 진료'를 '어느 정도'로 잘 하는지에 대해서 그리고 '어디에' '어떤' 음식이 몸에 좋은지 등에 관한 정보를 주고받는다. 게다가 광고 시장은 노화를 방지하기 위한 식의약품들인 항산화 식품과 영양제로 이미 성황을 이루고 있다. 침대는 편안한 수면을 목적으로 하지만, 편안한 수면은 건강한 삶에 대한 욕구의 이면이다. 식당의 음식과 슈퍼마켓의 식재료들은 맛보다 유기농인지 아닌지가 더 중요하다. 온천 여행을 통해 건강한 피부를 되찾기를 기대하며, 해외여행을 가서도 많은 사람들은 건강을 위한 식품들과 영양제를 손에 들고 온다. 더더구나 액세서리조차도 아름다움 자체만으로는 큰 효과를 보기가 어렵다.

우리 사회는 이미 노령화사회로 접어들었고, 이와 관련해 오래 전부터 실버산업의 무한한 가능성은 예측된 바이다. 출산율과 사망률, 그리고 과학기술은 그러한 예측을 어렵지 않게 했다. 노령 인구를 대상으로 황금알을 낳게 될 거대한 시장이 형성되고 있으며 기업들은 이미 이 시장에 뛰어든지 오래다. 우리가 이렇게 건강과 수명의 연장에 관심을 가지게 된 것은 주변의 환경적 조건과 의료기술 등의 발달과 무관하지 않다. 사회경제적 조건의 변화는 우리의 기대 수명을 한껏 높여주고 있다.

그러니 21세기는 '노화'와의 전쟁을 치르는 즉 안티에이징의 시대라고 해도 과언이 아니겠다. 이는 오래 살려는 욕망을 넘어서 삶의 질을 높이려는 노력이기도 하다. 물론 과학기술의 발달 과정을 볼 때, 인간의 노화는 어느 정도 극복될 수 있는 가능성이 보인다. 사실상 이러한 노력은 유전자 치료나 유전자조작과 같은 생명공학의 영역에서 활발히 이루어지고 있다. 선천적 장애와 질병은 유전자 치료를 통해서 극복될 수 있으며, 냉동인간보존기술에 대한 기대는 현재의 과학기술로 막지 못한 노화와 노화로 인한 질병이 미래의 기술력으로 충분히 극복 가능할 것이라는 전망에서 생겨났다.

중요한 것은 길가메시 프로젝트가 현실불가능한 일이 아니라는 점이다. 이러한 구체적인 연구에서 발견한 것이 4장에서도 언급된 바 있는 텔로미어다(telomere는 그리스어 끝telos과 부위meros의 합성어다). 텔로미어는 염색체 말단 부위에 있는 것으로서 단백질을 만들어 내지 못하는 쓸모없는 부위다. 그러나 텔로미어는 '노화 시계'라고 불리는 만큼 노화에 대한 열쇠를 지닌 중요한 염색체라는 점에서 우리의 미래에 새로운 문을 열게 해주는 중요한 역할을 한다.

텔로미어의 길이가 짧아지면 노화가 진행된다. 그런데 암세포는 텔로미어의 길이가 짧아지지 않고 일정하게 유지되고 있다. 이준호

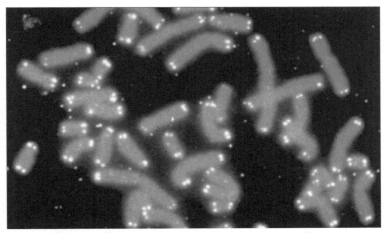
염색체 끝부분에 있는 텔로미어 부위(출처: Wikimedia Commons)

서울대 교수를 비롯한 연구진들은 그 이유를 '예쁜꼬마선충'에서 찾으려 시도했고, 그 결과를 발표하였다. 만일 예쁜꼬마선충에서 발견한 텔로미어를 인간의 암세포에서도 발견한다면, 길가메시 프로젝트는 성공할 확률이 높게 되는 셈이다.

대체되는 몸

몸속의 장기들이 노화되어 병이 나기도 하지만, 손이나 발, 또는 머리와 같은 신체적 각 기능들에도 문제가 발생한다. 오랫동안 사용하던 기계가 더 이상 그 기능을 다하지 못하는 순간이 오는 것처럼 몸은 그렇게 망가져 간다. 근대의 기계적 세계관에 따르면 우리의 몸은 기계와 다르지 않다. 우리는 몸이 아프면 마치 기계가 고장 난 것처럼, "내 몸이 고장 난 거 같아"라는 표현을 쓰기도 하며, 병원에 가서 치료하는 것을 마치 고장난 기계를 수리하는 것처럼 생각한다. 그렇게 우리는 우리 몸의 고장난 곳과 고장난 원인을 찾아내기 위해 병원을 찾고, 의사들은 환자의 정서적 상태를 고려하지 않은 채 무심한 듯 몸을 살펴본다. 그렇게 우리의 몸은 기계적인 몸, 사물적인 몸, 객관적인 몸이 되어갔다.

어렸을 적 즐겨보았던 드라마 〈6백만 불의 사나이〉와 〈소머즈〉[4]는 그러한 기계적 세계관을 잘 보여주고 있다. 드라마의 주인공들은 고장난 몸을 고쳤을 뿐 아니라 그 기능이 자신의 원래적 기능보다 훨씬 향상된 상태가 되었다. 소머즈는 한쪽 다리와 한쪽 팔, 그리고 한쪽 귀를, 6백만 불의 사나이는 한쪽 눈과 한쪽 팔 그리고 양쪽 다리를 기계로 대체한다. 드라마 속의 이들은 기계로 대체된, 그렇지만 특출난 몸을 가진 탓에 악에 대항하는 인물로 그려진다. 그들의 활약상은 우리의 상상을 한껏 부풀리곤 했다.

> "저런 팔과 귀와 다리를 가진다면, 세상을 더 아름답게 만들
> 수 있을 텐데…!"

'소머즈'와 '6백만불의 사나이'는 일종의 영웅에 속한다. 우리보다 뛰어난 능력을 가진 사람은 도덕적으로도 훌륭할 뿐만 아니라, 그러한 책무를 지니고 있는 자들로 그려진다. 오랜 옛날부터 기다리는 영웅의 모습이기도 하다. 영웅시리즈를 보며 어렸을 적 우리들도 덩달

---

[4] 4장에서 설명되었듯이 영화로도 상영된 〈6백만 불의 사나이〉(1974), 〈소머즈〉(1976)는 각각 108편과 58편의 에피소드로 TV에서 방영되었다.

아 엄청난 꿈을 꾸곤 했다. 그 당시 그들은 가상의 인물들이지만, 이젠 실존 가능한 인물들이 되었다. 실제로 2017년 2월 2일 대구의 영남대병원에서는 팔 이식 수술을 성공시켰다. 장기이식 수술을 넘어서 이식 수술의 영역이 넓어진 것이다. 물론 그들에게 더 이상 '영웅'이라는 짐을 지울 수는 없다.

인위적이건 자연적이건 손상된 몸의 일부를 복원시키는 인공적 장치인 프로스테시스 prosthesis를 장착한 사람들을 사이보그화된 인간들이라 부른다. 어쩌면 현대인들 중에서 사이보그화되지 않은 인간을 찾기가 오히려 더 힘들지도 모르겠다. 굳이 팔이나 다리를 이식하지 않더라도 우리는 이미 안경을 쓰고 있고, 보청기를 끼고 있다. 다른 한편으로 자동차는 내 몸과 직접적으로 연결되어 있지는 않지만, 내가 자동차의 운전석에 앉는 순간 자동차와 내 몸은 사실상 하나가 된다. 그래서 좁은 골목길도 — 비록 폭의 길이를 정확히 알지 못하더라도 — 자유롭게 통과한다. 또한 차는 내 몸의 감각을 그대로 받아들여 표정을 만들어낸다. 그래서 우리는 앞서 가는 차가 지금 얼마나 여유로운지, 또는 폭력적인지도 간파해낼 수도 있다. 이렇게 몸은 어떤 식으로든 기계를 통해 자신을 확장시키고 있다. 그러니 "사이보그화된 인간을 인간이라 할 수 있는가?"라는 물음은 더 이상 의미가 없다.

병원에 가면 환자들로 북적거린다. 그 많은 사람들을 보면 마치 환자가 아닌 사람이 있을까 싶을 생각이 들 정도다. 오랫동안 우리는 병의 원인을 개인적인 차원에서 찾곤 했다. 나쁜 생활 습관을 고치면 병을 앓지 않는다고 믿는 것이다. TV를 시청하지도 않고 책을 읽지도 않고 스마트 폰을 사용하지 않으면 눈은 자연적인 노화를 늦출 수 있다고 말한다. 팔목관절에 무리가 오면 의사들은 우리의 팔에 깁스를 한다. 깁스를 한다는 것은 깁스한 팔이나 다리를 사용하지 말라는 것이다. 의사들은 환자들에게 많이 사용하지 않으면 그만큼 오래 쓸 수 있다고 말한다. 책을 읽어야하는 연구자들에게 책을 더 이상 읽지 말라고 하고, 요리를 하는 요리사에게 더 이상 손을 쓰지 말라고 한다.

그러나 아이러니하게도 사용하지 않는다고 오래 쓴다는 보장도 없다. 오히려 지나치게 오래 사용하지 않으면 퇴화가 온다. 그러니 우리는 몸이 상하는 것을 막기 위해 삶의 걸음을 멈출 이유가 없다. 열심히 책을 읽고, 무언가를 열심히 만들고, 걸어 다녀도 된다. 인간은 그렇게 자신의 활동을 통해서 스스로를 열어가도록 허락된 존재이기 때문이다. 그리고 인간은 그것을 가능하게 만들 수 있는 능력을 가지고 있다. 인간은 이미 도구적 존재 Homo Faber로도 불리고 있다. 물론 도구를 사용하는 다른 종도 있다. 예를 들어 침팬지나 뉴칼레도니아 까마귀도 도구를 사용한다. 그러나 인간만이 도구를 통해 자신의 세계를 확장시킬 수 있다. 인간이 사용하는 도구는 인간과 서로 얽혀 한 덩어리가 된다. 도구적 존재로서의 인간은 도구와 얽혀 한 덩어리가 되어 자신을 확장한다. 이제 우리는 '자연스러움에 관한 신화'를 저 멀리 던져버려도 될 것 같다.

사이보그화되는 것을 두려워할 필요도 없지만, 그렇다고 내 몸을 의미 없이 기계로 대체하자고 말하는 것도 아니다. 대체된 몸을 향상된 몸이라고 생각하고 대체하기를 주장한다면, 우리는 또 새로운 이성

-주체중심주의에 빠질 수 있다. 그것은 여전히 정상과 비정상과의 관계를 설정하고, 탁월함, 또는 정상적인 것, 완벽한 것에 가치를 두는 것이기 때문이다.

그렇게 될 때, 우리는 복제된 인간 또는 사이보그화된 인간과 그렇지 않은 인간 사이의 탁월성에 대한 논쟁을 멈출 수 없게 된다. 병을 고친다는 것은 내 삶을 불편하지 않게 하겠다는 것이며, 나의 삶을 좀 더 지속시키려는 것이다. 다친 팔을 대체한다는 것은 장애가 생긴 팔을 대체함으로써 장애를 극복한다는 것이 아니라, 다친 팔로 인해 불편해질 수밖에 없는 내 몸을 새로운 구조에 적응시킬 필요 없이 이미 형성된 틀 속에 편입시키겠다는 의미다. 대체된 팔이나 다리가 기존의 몸보다 그 기능이 더 뛰어날 수 있다. 그러나 그것이 더 좋다고 말할 수는 없다. 더 좋음과 더 나쁨은 현재적 상황 속에서 결정되는 경우가 허다하기 때문이다. 상황은 늘 변한다. 그저 변화하는 상황 속에서 선택의 폭을 넓히고 이로써 보다 자유롭기를 바랄 뿐이다.

젊고 아름다운 몸과 마음

아름답고 싶어 하는 마음을 뭐라 하는 사람은 없다. 그러나 문제는 '아름다움'에 관한 우리의 태도와 인식이다. 본래적인 것, 본질적인 것에 대한 전통적 가치관은 우리를 깊이 지배하여, 결국 우리는 '아름다움 자체'만을 우위에 두고, 아름다움에 대한 '욕망'을 거부하고 있다. 그리스 신화 속에서 아름다운 여인 프쉬케는 에로스와의 재회를 위해 아프로디테가 가하는 시련을 이겨낸다. '미의 상자'를 가져오라는 아프로디테의 마지막 과제를 앞두고, 프쉬케는 에로스에게 아름다운 모습을 보이고 싶은 욕심에 열어서는 안 되는 그 상자를 열고 깊은 잠에 빠진다. 프쉬케의 아름답고자 하는 욕망은 에로스에게서 '어리석음'으로 평가받는다.

인간의 호기심과 욕망에 대한 또 다른 이야기, '판도라의 상자'는 인간의 욕망과 호기심이 무엇을 의미하는지 잘 보여주고 있다. 판도라의 상자를 어떤 이는 재앙으로, 어떤 이는 희망으로 본다. 온갖 고통과 불행 등이 빠져나간 후 상자 안에는 '희망'만이 남았으니. 당신은 어떻게 하겠는가? 사실상 상자를 열어보지 않고는 우리는 아무것도 알 수 없지 않은가? 판도라의 상자는 신이 인간에게 준 아름다운 재앙, '호기심'의 상자다.

TV화면에서는 노화방지를 위한 화장품 광고가 줄을 잇고 있다. 우리나라는 성형의 왕국이라 불릴 정도로 성형 기술이 발달하여, 성형을 위한 관광이 줄을 잇고 있다. 한국의 여배우들은 한동안 스크린에서 사라졌다가 다시 나오게 되면 금방 리즈 시절의 모습으로 되돌아간다. 사람들은 자연스러운 모습을 좋아한다고 말하지만, 실제로 여배우들이 자연스러운 삶의 모습을 스크린에 드러냈을 때, 사람들은 그녀들의 늙어가는 자연스러운 모습을 견뎌내지 못하기 때문이다. 그럼에도 사람들은 이구동성으로 자연스러운 것이 아름답다고 말한다. 게다가 성형수술을 한 사람들을 향해서는 인조인간이라고 비난한다. 성형을 원하면서도 성형을 경멸하는 이 아이러니한 상

194

존 윌리엄 워터하우스John William Waterhouse, 〈상자를 여는 프쉬케〉(1903, 좌)와
〈판도라의 상자〉(1896, 우)

황을 어떻게 받아들여야 할까?

스즈키 유미코의 만화 〈미녀는 괴로워〉는 '외모지상주의에 대한
비판'적 목소리를 담고 있다. 마치 에로스가 프쉬케를 염려하듯이.
우리가 원작에서 보여주는 '외모지상주의에 대한 비판'적 목소리
외에 읽을 수 있는 목소리는 아름다워지려는 욕구와 그 열망에 대한
사회의 '폭력적인' 시선이다. 이 시선은 자연 미인에 대한 예찬과 내
면의 아름다움을 요구하는 도덕주의에서 비롯된다. 도덕주의자들
은 늙지 않고 오래살고 싶은 욕구, 아름다워지려는 욕구를 드러내는
것이 불편하다. 왜일까? 정말로 아름다워지고 젊어지고 싶은 욕망,
그리고 죽음을 극복하려는 마음은 도덕적으로 정당화될 수 없는가? 얼
굴도 이름도 없는 가수 강한나는 비주얼 가수의 목소리를 대역한다.

아무리 노래를 잘해도 뚱녀인 한나는 대중적 인기를 얻을 수 없다. 그녀는 사람들에게 아름답지 않다고 여겨지는 몸을 가지고 있기 때문이다. 결국 한나는 전신성형을 하고 '제니'라는 이름의 가수로서 데뷔해 성공하지만, 전신성형에 대한 의혹은 한나로 하여금 성형 사실을 고백하게 한다. 한나는 도대체 무슨 잘못을 저질렀는가? 전신성형을 한 사실을 숨겼다는 것인가 아니면 성형을 한 그 사실 자체인가?

한나는 고백을 통해 용서를 받지만 '인조인간', '성형괴물'이라는 편잔에서는 벗어나지 못한다. 도덕주의자들이 한나에게 요구하는 것은 "생긴 모습 그대로 살아라"라는 것이다. 한나에게는 자신을 변화시킬 어떤 권리도 자유도 없는 것일까? 왜 한나는 그런 욕구를 가져서는 안 되는 것일까? 만화에서도 영화에서도 외모지상주의를 비판하며, 외면적인 것은 본질적인 가치가 될 수 없다는 것을 말하기는 하지만, 영화가 현실적 삶에서 그러한 요구가 얼마나 폭력적인지 더 잘 드러내 보여주고 있다. 물론 이 영화를 통해 보려는 것은 외모지상주의에 대한 찬양이나 비판이 아니다. 인간의 본래적 가치는 스스로 만들어가는 것이며, 그것은 자신의 충실한 욕망을 잘 이해하는 것에 있다는 것을 말하기 위해서다. 한나의 선택은 도덕적으로 평가되어야 할 것이 아니라 실존적인 측면에서 평가되어야 한다.

2004년 11월 〈세상에 이런 일이〉라는 프로그램에서 처음 공개된 '선풍기 아줌마'의 이야기는 성형에 대한 우리의 우려를 단번에 보여준 사건이다. 이 사건은 도덕적 거부감과 성형부작용의 문제를 분리시키기 않고 있다. 다시 말해 자연스러운 것을 '선'이라고 생각하는 오랜 사유의 습관들이 성형의 부작용을 마치 자연을 거스른 행위의 결과로 보게 하고, 이로 인해 도덕적 거부감에 이르기 때문이다. 그래서 처음엔 개인의 허영심과 헛된 욕망이 불러온 참사라고 말해져왔다. 그러나 우리는 이 사건을 우리 사회의 욕망 ─ 외모지상주의 ─ 이 한 개인을 통해 드러난 것으로 보는 것이 더 옳겠다. 그것이 성형부작용과 맞물려 사회적 문제로 등장한 것이다. 성형을 통해 이 사건의 당사자인 한 씨는 처음에는 성취감을 얻었지만, 잘못된 시술 방법과 부작용은 돌이킬 수 없는 상황에 처하게 했다. 만일 부작용이 없었다면 한 씨의 성형은 어떻게 평가를 받았을까?

한 씨의 불행과 비교되는 사례로서, 2015년의 인터넷 기사에 중국 여배우 류사오칭의 성형 전 얼굴이 화제가 된 적이 있다. 깊은 주름으로 늙음을 그대로 드러낸 얼굴이었다. 1955년생인 류사오칭은 1980년대 중국을 대표하는 미인으로 알려져 있다. 그때로부터 이미 30여 년이 지났으니, 세월의 힘을 그대로 그녀의 몸에 담았다면 그녀는 더 이상 젊을 수 없다. 그럼에도 그녀는 세월이 멈춘 듯 요즘 흔히 말하는 '뱀파이어 미모'를 유지하고 있다. 그녀는 "과학기술의 발달을 통해 모든 사람은 자신이 원하는 얼굴을 가질 수 있다. 젊은이들은 어느 정도 얼굴에 손을 대야 연예계의 길이 평탄해질 수 있다"라고 한 기자 회견에서 말했다고 한다. 그녀는 얼마나 당당한가.

적어도 우리에게 젊음은 아름다움과 상통한다. '동안'이라는 말은 '미인'이라는 말보다 더 한 찬사가 되었다. 늙었다는 말에서 우리는 자신의 사회적 삶의 한계를 체험한다. 성형으로 인한 효과는 실제적 젊음이 아니라 허상이자 환상이라고 말할 수도 있겠지만, 우리에게 환상과 실재의 구분지가 있기는 한 것인가? 사실, 환상과 실재간의 구분지에 관한 논의는 오랜 철학적 문제이기도 하다. 환상은 우리에게 거짓된 이미지이기는 하지만, 우리가 '실재'라고 하는 것 또한 '인식된' 실재에 불과하다. 그러니 그것을 플라톤의 '이데아' 또는 칸트의 '물자체'와 같은 것으로 생각할 수는 없다. 오히려 환상이 우리에게는 더 실재 같은 실재가 될 수 있다. 이때 환상과 실재간의 경계는 사실상 허물어진다. 마찬가지로 성형미인과 자연미인의 경계도 모호해졌다. 이제 '성형'과 '아름다움'이 우리에게 무엇을 의미하는지 다시금 생각해보아야 할 것이다.

아름답다고 여겨지는 상황을 생각해보자. 자연이 아름답다고 여겨지는 것은 자연을 '바라보는' 내가 있기 때문이다. 사람들은 본질적인 것이 무엇인지 모르면서도 그것이 무엇인지 이미 규정지어놓고 있다. 우리가 바깥의 풍경을 보고 '그림 같은 풍경'이라고 말할 때, 바로 그 '그림'이 이미 우리가 규정해놓은 그 무엇이다. 우리에게는 '그림'이라고 하는 이상적인 이미지가 먼저 있고, 아름다운 풍경이 그 그림에 꼭 맞을 때 우리는 '그림 같은 풍경'이라는 표현을 쓴다. 그러므로 그 '이미지'가 어떻게 형성되었는지를 생각해본다면, 그 이미지는 다만 선택적 상황에 불과하다는 것을 알 수 있다.

미래 기술에 대한 전망과 몇 가지 우려

중세 이후, 신의 자리에 과학이 대신 들어섰다. 인간은 과학의 힘으로 스스로 신이 되고자했다. 그러면서도 인간은 스스로에게 경고를 한다. "우리는 새로운 바벨탑을 쌓고 있으며 언젠가 그 바벨탑은 무너지고 말 것"이라고.

바벨탑은 자연을 정복하고자 하는 인간의 욕망을 상징한다. 그렇다면 정말 사람들이 우려하듯이 과학기술의 발달은 인간의 종말을 초래할 것인가? 아무래도 좀 더 노골적으로 물어볼 필요가 있겠다. "과학기술의 발달로 우리가 두려워하는 것은 무엇인가?" 인공지능을 가진 존재들의 등장이 현실화되고 있는 지금, 그것들로부터 오게 될지도 모를 위험에 대한 불안감이 아닐까? 자신이 가지고 있는 것들을 잃어버릴지도 모른다는 불안감 때문이다. 더 많이 가진 자는 스스로 게토를 만들어낸다. 그래서 스스로를 감금한다. 결국 우리는 정복할 것인가 정복당할 것인가라는 문제 사이에서 딜레마에 빠져 있는 셈이다. 늙음과 죽음의 문제를 다루면서 우리가 마주치는 문제 또한 이와 같은 두려움과 다르지 않다.

그러나 우리가 가장 중요하게 생각하는 문제는 인간의 본성에 관한 것이다. '인간은 그 본성을 타고난다'고 하는 주장은 현대를 사는 우리들에게 의문의 여지를 남기고 있다. 오히려 본성은 인간이 인간으로 규정하기 위해 생겨난 개념이 아닌가? 사르트르는 인간에 대한 이해를 '실존은 본질에 앞선다'라는 말로 대신한다. 인간은 그 본질이 규정되어 있는 존재가 아니라, 실존함으로써 가능한 존재라는 의미다. 그렇다면 인간의 존엄성, 도덕과 정의, 자유와 평등과 같은 개념은 인간이 인간다움을 만들기 위해 요청한 것이라 볼 수 있겠다. 인간은 스스로 자신을 완성해나가는 존재다. 그러므로 자연스러움, 본래적 모습의 훼손, 그리고 이로 인한 인간 존엄성의 상실이란 사실상 의미 없는 말이 된다. 오히려 우리가 고민해야할 문제는 어떻게 하는 것이 우리의 삶을 위한 것인가, 또는 행복하고 즐거운 것인가에 있을 것이다. 이는 윤리적인 문제이자 정의의 문제와 맥을 같이 한다. 인간이 자신의 한계를 넘어 스스로 새롭게 규정하고자 한다는 관점에서 볼 때 이미 우리는 포스트휴먼으로 나아가고 있는 셈이다.

과학기술의 발전이 우리의 삶을 무작정 핑크빛 미래로 인도하는 것은 아니다. '사회적 불평등의 문제'를 발생시킬 수 있다는 우려는 이미 예견되어 있는 바다. 다시 말해 이 모든 과학적 혜택이 새로운 빈익빈 부익부를 초래할 수 있다는 점이다. 부와 권력을 가진 사람은 더 젊고 더 오래 살 수 있게 된다. 부가 세습되듯 건강과 젊음도 세습된다. 이것은 단순한 문제가 아니다. 부를 가진 사람은 젊고 영원한 생명을 얻게 될 것이고, 가난한 사람은 늙어가고 죽어가게 될 것이다. 그렇게 되면, 인간은 두 종류의 인간으로 나뉘게 될 것이며, 시간이 흘러 가난한 사람들은 더 이상 인간이 아닌 다른 존재로 규정되어 있을지도 모른다.

우리는 질병의 치료의 영역에서 뿐 아니라 발병률에서도 소득 간의 불평등 문제가 발생한다는 사실을 간과할 수 없다. 사회적 불평등이 건강 불평등으로 이어지고 있으며, 이는 의학적 혜택이 평등하게 주어진다고 해도 이와 같은 불평등의 구조에서 벗어나기 힘들다는 점을 보여준다. 결국 기대수명의 연장과 같은 일은 모든 인류에게 해당되는 일이 아닐 수 있다. 과학기술이 주는 혜택이 상용화되고 보편적인 것이 된다할지라도 그것에 이르기까지는 많은 시간이 필요하다.

죽음으로 향하는 길을 멈추는 일은 우리의 가장 중요한 관심이며, 건강하게 사는 일 또한 더불어 주요 관심사다. 미래의 양로원은 지금의 양로원과는 전혀 다른 모습을 가지고 있을 것이다. 양로원은 더 이상 돌봄의 장소가 아니라, 새로운 생을 위한 평생교육의 장으로 모습을 드러낼 것이다. 세월이 흘렀다는 것, 그것은 어떤 형태로든 변화를 경험했다는 것이다. 몸은 자연적인 성장을 멈추고 인위적인 힘으로 생을 이어갈 것이다. 삶의 형태는 당연히 달라질 수밖에 없다. 따라서 사회적 은퇴를 맞이하는 그 시기를 새로운 삶의 출발점으로 삼아야할 것이다. 늙음과 죽음은 결코 극복될 수 없는 인간의 한계일지도 모른다. 그러나 그 한계를 미리 생각할 이유는 없다.

오히려 죽음에 대한 인식은 인간을 지혜롭게 만들었으며, 동시에 인간의 의미를 새롭게 확장시키고 있다. 포스트모던은 인간에 대해 다시 질문을 한다. "인간은 무엇인가?" 그러나 이 물음만으로는 인간의 '본질'을 강화시키는 것 이상의 역할을 하지 못한다. 이 물음과 더불어 동시에 하나의 질문을 다시 추가하고자 한다. "무엇이 인간인가?" 이 물음은 전통적으로 인간을 규정해온 것들에 대한 전반적인 회의에서 비롯된다.

이제 우리는 '~다움'이라는 말을 거부하고 인간성에 대한 전통적인 규정을 판단 중지해야 할 것이다. 과학은 인간과 인간 삶을 근본적인 것에서부터 흔들어놓기 시작했다. 과학은 더 이상 인간을 운명의 손에 두기를 거부했다. 인간은 스스로 자신의 존재를 끊임없이 규정해왔다. 인간의 지성적 노력은 결국 인간의 자기규정을 넘어서게 만들고 있다. 판도라가 열었던 호기심의 상자 속에 남은 작은 희망, 그것은 다른 말로 '가능성'이라고 말해도 좋을 것 같다. 이것이 인간을 인간이게 만들어주는 힘이 되었으니.

앞서도 말했듯 인간은 호모 사피엔스라는 특징을 가지고 있지만 호모 파베르, 즉 도구적 존재라고도 불린다. 인간의 역사가 정신의 역사라 해도 우리는 도구적 연관 관계를 통해 그 역사를 드러내지 않을 수 없다. 시력이 나쁜 나는 컴퓨터로 원고를 쓸 때도 안경을 쓰지 않으면 글을 볼 수 없다. 완성된 글은 일일이 우편이나 인편을 통하지 않고서도 이 자리에서 클릭 한 번으로 전송된다. 이와 같이 인간이 세상과 관계 맺는 방식은 도구의 사용방식과 다르지 않다.

좀 더 구체적으로 말해보자. 겨울 여행을 계획하는 나는 여행 방식을 고민한다. 도보 여행을 할까, 느릿느릿 무궁화호를 타고 전국을 일주할까? 그도 아니면 KTX나 비행기를 타고 목적지에서 도시 여행을 하는 것이 좋을까? 만일에 여전히 기차도 비행기도 없었던 시대에 살았다면 나는 이와 같은 고민을 할 이유가 없을 것이다. 선택의 여지없이 봇짐을 둘러메고 나설 수밖에.

과학기술의 발달은 우리에게 선택의 자유를 확장시킨다. 이제 과학기술의 영역은 신체적 기능의 향상을 넘어 인간 고유의 영역이라 여겨져 온 정신의 영역에까지 미친다. 과학기술의 발전은 생명공학기술, 분자나노기술, 정보기술, 인지과학의 분야로 확대되어 가고 있다. 유전자조작을 비롯한 생명공학기술의 분야는 인간이 자신의 기능을 확장하고 향상시킬 수 있는 첨단의 분야다. 인간은 오랫동안 정신의 확장을 꿈꾸어왔다. 정신이 몸과 구별될 수 없는 것이라면 군이 기술을 통한 몸의 확장 또한 두려워할 일이 아니다.

　메를로-퐁티가 말했듯이 우리는 전적으로 자유롭거나 전적으로 자유롭지 않을 수는 없다. 우리는 좀 더 자유롭거나 덜 자유로울 수 있을 뿐이다. 그 자유의 크기는 선택의 폭에 있으며, 기술은 우리에게 많은 선택의 여지를 제공한다. 늙음과 죽음의 문제도 마찬가지다. 우리는 더 이상 늙음과 죽음의 문제를 당연하게 받아들일 이유가 없다. 인간이 스스로 죽음을 선택하는 자유가 있듯이 과학기술은 늙음과 죽음의 문제 또한 선택할 수 있는 가능적 여지를 준다. 늙음은 어제보다 오늘이 더 쇠약해졌다는 것을 의미한다. 죽음은 더 이상 쇠약해질 수 없음이다. 늙음은 더 이상 산을 오르기 힘들다는 것이며, 늙음은 밤새 책을 읽을 수 없게 되었다는 것을 의미한다. 또한 늙음은 맘껏 음식을 즐길 수 없음을 말한다. 이렇게 자유롭지 못한 상태가 우리에겐 보다 덜 자유로운 상태이다.

　우리가 꿈꾸는 미래는 보다 더 자유로운 상태, 즉 신과 같은 인간에 이르는 길이 아닐까. 우리의 가능성을 묶어두는 일은 오히려 더 인간적이지 못하다. 그러니 우리는 전통적 인간 개념에 근거한 인간의 본성을 주장하는 일이 사실상 의미 없음을 다시 확인한다.

8장

포스트휴먼 사회는 살 만한 세상인가?

_서윤호

포스트휴먼 사회는 과연 어떤 사회일까?
그 사회 속에서 우리의 삶은 어떻게 펼쳐질까?
이 글에서는 4차 산업혁명의 진행과 함께
그 모습을 구체화 중인 포스트휴먼 사회를 묘사하고,
포스트휴먼 사회에서 필연적으로 나타날
기계노동에 의한 일자리 소멸 문제를 기본소득제도로
해결할 수 있다는 주장을 조명해본다.
또한 인간과 기계의 공존가능성과 관련해
시몽동의 기술철학에서 어떠한 시사점을
얻을 수 있는지 살펴본다.

우리는 포스트휴먼 사회를 영화나 소설 속에서나 존재하는 것으로 생각하기 쉽다. 하지만 우리의 현실은 이미 포스트휴먼 사회로 진입해 있다. 오늘날 4차 산업혁명의 이름으로 불리는 사회적 현상을 깊이 들여다보면, 우리는 포스트휴먼 사회의 길로 접어들었음을 실감하게 된다.

하루가 다르게 새로운 기술이 등장하고, 그와 함께 우리의 삶도 급격하게 변화하고 있다. 매일 언론과 방송에 등장하는 4차 산업혁명은 우리의 현재 삶에 묘한 현기증을 불러일으킨다. 뭔가 새로운 세상이 펼쳐지고 있음을 도처에서 감지하지만, 그럼에도 포스트휴먼 사회의 전체 그림은 손에 잡히지 않는다.

우리를 포스트휴먼 사회로 이끄는 4차 산업혁명은 도대체 무엇이고, 또 그로 인해 펼쳐지는 포스트휴먼 사회는 과연 어떤 사회인가? 포스트휴먼 사회는 우리에게 무섭고 두려운 디스토피아인가, 아니면 우리가 항상 꿈꿔왔던 유토피아인가? 포스트휴먼 사회는 과연 살 만한 세상인가? 우리는 포스트휴먼 사회에서 어떤 삶을 살게 되는가? 포스트휴먼으로서의 존엄성을 유지하면서 그 속에서 삶을 영위할 수 있는 미래의 포스트휴먼 사회를 위해 우리는 무엇을 해야 하고, 또 할 수 있는가?

4차 산업혁명으로 가속화되는 포스트휴먼 사회

우리는 이미 포스트휴먼 사회에 들어섰음에도 아직 이 사회에 대한 뚜렷한 그림을 가지지 못하고 있다. 포스트휴먼 사회란 어떤 사회인가? 그 속에서 우리는 어떤 삶을 살게 되는가? 현재 엄청난 속도로 전개되고 있는 4차 산업혁명에 대한 기본적인 이해가 그 윤곽을 파악하는 데 도움이 될 수 있을 것이다.

4차 산업혁명은 다보스 세계경제포럼에서 본격적으로 제시된 개념이다. 이 개념에는 21세기 기술혁명이 인류의 삶과 사회를 근본적으로 바꾸고 있다는 문제의식이 담겨 있다. 클라우스 슈밥은 디지털 혁명을 기반으로 한 새로운 산업혁명을 4차 산업혁명이라고 부른다. 그는 《제4차 산업혁명》에서 세계가 이미 4차 산업혁명의 과정에 진입했고, 기술의 획기적 발전으로 삶의 양태, 근로 형태, 소통 방법 등이 근본적으로 변화할 것이라고 한다.

4차 산업혁명은 몇 가지 측면에서 이전 산업혁명과 다르다. 속도 측면에서 4차 산업혁명은 선형적 속도가 아닌 기하급수적 속도로 진행된다. 4차 산업혁명은 디지털 혁명을 기반으로 다양한 기술을 융합함으로써 개인뿐만 아니라 경제·기업·사회 모두를 그 범위와 깊이의 측면에서 기존의 유례를 찾아볼 수 없을 만큼 강력한 패러다임의 전환을 유도한다. 이는 국가 간, 기업 간, 산업 간, 나아가 사회 전체 시스템의 변화를 수반한다.

이와 같이 현재 전개되고 있는 4차 산업혁명의 충격과 영향은 경제, 기업, 국가, 사회, 개인 모두를 망라하는 전 방위적 시스템 변화라고 할 수 있다. 특히 현재의 관점에서 가장 강하게 우리의 시선을 끄는 건 성장과 고용에 대한 분석이다. 이에 따르면 기업이 파괴적 혁신을 주도하면서 4차 산업혁명을 통해 경제성장을 고취시킬 것이다. 하지만 동시에 4차 산업혁명은 기술이 노동을 대체하면서 일자리를 줄이고 불평등을 초래할 수 있다. 이런 변화에 대해 슈밥은 새로운 형태의 사회계약을 모색해야 한다고 제안한다. 그는 변화에 대한 포용적 접근과 공동의 담론을 역설하고, 이를 바탕으로 경제·사회·정치 시스템 개혁을 주장한다. 슈밥은 이미 시작된 4차 산업혁명의 성패는 결국 기술변화에 대처하는 인류의 집합의지에 달려있다고 강조한다.

흔히 말하는 4차 산업혁명의 핵심 기술로는 일반적으로 인공지능, 사물인터넷, 사이버물리시스템, 3D프린터가 주로 언급된다. 그밖에 가상현실 및 음성인식과 같은 인터페이스의 혁신과 빅데이터 등이 추가로 포함되기도 한다. 이러한 4차 산업혁명의 기술 요소들은 사실 별개의 독립적 기술이라기보다는 상호 밀접한 관련성이 있는 기술로서, 인간에게 개별화, 지능화, 자율화, 분산화된 혁신적 서비스를 제공하기 위해 함께 이용되는 기술이다.

4차 산업혁명의 본질은 '융합과 연결'이라 할 수 있다. 이들 기술은 어느 한 분야에 특정되지 않고 끊임없이 다른 기술들과 연결되면서 새로운 가치를 창출한다. 다양한 센서를 활용해 기기와 기기, 기기와 인간, 인간과 환경을 24시간 연결하는 사물인터넷을 통해 세계의 모든 실시간 데이터가 축적되고, 이 데이터는 인공지능이 사이버물리시스템을 이용해 최적화된 해결책을 찾는 기초가 된다.

이와 같이 4차 산업혁명 과정에서는 센서, 네트워크, 3D프린터, 무인비행체 등 다양하고 정교한 기기와 하드웨어의 개발이 필요하기도 하지만, 그것보다 더욱 중요한 것은 소프트웨어 혁신이라고 할 수 있다. 인공지능, 사이버물리시스템, 3D프린터 등의 기기와 함께 동시에 정보의 수집과 분석, 최적화, 제어, 지능화를 위한 소프트웨어 개발이 하드웨어 개발과 함께 보조를 맞추고 있다.

4차 산업혁명이 수반하는 가까운 미래의 모습은 어떨까? 먼 미래는 현재로서는 상상력의 동원이 필요하지만 가까운 미래는 이미 현재의 우리도 어느 정도 경험하고 있다. 가까운 미래에는 고도의 자동화 및 지능화가 진행되면서, 인간의 욕구를 24시간 개별적으로 충족시켜주는 생산이 이루어지고, 현재의 산업 간 경계도 점차 사라지게 될 것이다. 생산과 제조 과정은 로봇을 이용한 자동화 생산으로 전환되고, 3차원 프린팅 기술이 발전되면서 소비지에서의 맞춤형 생산이 확대될 것이다. 또 교육과 의료 서비스도 개별화된 맞춤형 교육과 의료 건강관리로 발전될 것이며, 많은 기업이 기존 방식의 대량 생산과 판매보다는 수요자 맞춤형 서비스를 제공하기 위해서 제품을 생산하게 되면서, 자동차가 다양한 서비스를 이용하는 플랫폼으로 전환되고, 제조업과 서비스업의 경계가 점차 약화될 것이다. 이는 현재의 상황에서도 이미 경험하고 충분히 예측할 수 있는 가까운 미래의 모습이다.

그밖에 4차 산업혁명의 과정에서 진행될 다양한 혁신은 어떤 것이 있을까? 그중 하나는 인간과 기기 사이에 존재하는 접점, 즉 인터페이스의 혁신이다. 인간의 편리성을 향상시키는 노력은 지능형,

자율형, 감응형 인터페이스의 개발로 집약될 수 있다. 따라서 미래 기업의 경쟁은 인터페이스 개발에 집중될 것이고, 자동차, 각종 스마트 기기, 가정과 직장에서의 인터페이스 혁신이 가속화될 것이다. 이미 자율주행 자동차와 음성인식 서비스는 시제품이 개발되어 활용되고 있다.

인간과 기계의 접점인 인터페이스는 가까운 미래에는 음성기반으로 대부분 전환될 것이고, 좀 더 먼 미래에는 인간의 신체 네트워크와 외부 물리 네트워크의 직접접속 형태가 될 것이다. 인간과 기계의 인터페이스가 음성에서 눈이나 신경망 접속 방식으로 발전할 경우, 영화 〈인셉션〉이나 〈매트릭스〉에서 묘사된 것과 같이, 우리는 가상현실의 세계에서 살아갈지도 모른다. 이와 같이 4차 산업혁명은 슈밥이 말한 것처럼 인간의 생활양식, 근로 형태, 소통 방식에 전례 없는 변화를 가져올 것이다.

이제 좀 더 본격적인 포스트휴먼 사회로 들어가보자. 4차 산업혁명이 더욱 심화되면, 기술적 특이점을 전후로 해서 인간과 기계의 관계는 본질적으로 바뀌게 될 것이다. 기술적 특이점은 일반적으로 기계 지능이 인간 지능과 같아지는 시점을 가리킨다. 기술적 특이점 단계에 이르면 인공지능이 인간 지능을 초월하게 되어 인간은 결국 자신이 만든 초월자를 만나게 될 것이다. 물론 특이점을 향해가는 과정에서 인간은 기계의 도움을 받거나 신기술을 이용해 진화할 수도 있을 것이다. 혹은 기계와 인간의 융합체인 신인류로 발전할 수도 있을 것이다. 이러한 상황에 다다르게 되면 우리는 분명하게 포스트휴먼 사회의 주민증을 발급받지 않을 수 없게 된다.

기술적 특이점의 도래와 신인류 탄생에 대해 회의적인 시각도 많이 있다. 그러나 바둑시합에서 구글의 알파고가 인간 대표 이세돌 9단을 이기면서, 우리는 어쩔 수 없이 미래사회에 대해서 진지하게 고민하지 않을 수 없게 되었다. 2장에서도 언급했지만, 우리에게 충격과 환호로 다가온 알파고의 등장은 인류가 새로운 변화의 변곡점에 와 있음을 상징적으로 보여준다. 이제 4차 산업혁명이 수반하는 포스트휴먼 사회는 피할 수 없는 우리의 미래 현실이 되었다. 그렇다면 과연 포스트휴먼 사회는 어떤 사회인가?

포스트휴먼 사회에서 인간의 삶은 어떻게 바뀌는가?

브린욜프슨과 맥아피는 《제2의 기계시대》에서 지속적인 기하급수적 성장, 엄청나게 많은 양의 디지털 정보, 재조합의 혁신 능력이라는 세 가지 힘이 우리의 예상을 초월하면서 과학소설을 일상적인 현실로 바꿔놓는 돌파구를 열고 있다고 말한다. 게다가 그 끝이 어디인지도 알 수 없다고 한다. 우리가 앞에서 살펴본 무인자동차, 인간형 로봇, 음성인식시스템, 3D프린터, 알파고 등의 기술적 발전들은 아직 준비 운동 단계에 불과하다. 제2의 기계시대로 더 깊이 진입할수록 우리는 경이로운 사례들을 더 많이 보게 될 것이다.

기계 지능이 인간 지능을 능가하는 기술적 특이점이 도래하든 그렇지 않든, 인공지능 기반의 4차 산업혁명으로 우리의 삶의 양식은 크게 바뀔 수밖에 없다. 지금까지 인간은 직업을 통해 경제적 독립을 하고, 가정을 꾸리고, 자아를 실현하는 존재로 파악된다. 지금까지 교육의 중요한 목적은 원하는 직장을 찾는 준비 과정으로 이루어져 있다. 대다수 노동하는 삶을 살아가는 우리에게 일자리 문제는 지대한 관심사다. 그렇기에 촛불혁명의 힘으로 탄생한 새로운 정부도 가장 우선순위를 '일자리'에서 찾고 있다. 그만큼 청년실업 등 일자리 문제가 우리 사회의 중요한 화두가 되고 있기 때문이다.

4차 산업혁명과 관련한 현재 주요 논의도 마찬가지로 인공지능에 의한 일자리의 대체와 실업률의 속도에 맞춰지고 있다. 인공지능이 인간 노동을 대체하는 속도가 새로운 일자리 창출보다 현저히 크기 때문에, 결국에는 거의 모든 인간의 노동을 인공지능이 흡수해 자동 기계화하고야 말 것이라는 비관적인 관점이 지배적 정서를 이루고 있다. 이를 구체적으로 입증하는 연구 보고서는 끝도 없이 쏟아져 나온다.

2013년 옥스퍼드 대학의 연구에 따르면 향후 20여 년 안에 전 세계 일자리 50% 정도가 소멸할 것으로 예측하고 있다. 세계경제포럼에서 발표된 '2020 미래고용보고서'도 사라지는 일자리가 새로 생겨나는 일자리보다 훨씬 더 많다는 것을 보여주고 있다. 이에 따르면 2020년까지 향후 선진국 및 신흥시장 15개 국가에서 일자리 710만 개가 사라지는 반면, 새 일자리는 210만개 정도밖에 생겨나지 않는다고 한다. 독일 노동부도 향후 2025년까지 자동화로 150만 명의 일자리가 독일에서 사라질 것으로 전망하는 보고서를 발간했다. 제레미 리프킨 또한 이미 《한계비용 제로 사회》에서 이와 흡사하게 '노동의 종말'을 예측하고 있다.

반면에 4차 산업혁명을 긍정적으로 바라보는 경제학자들은 4차 산업혁명 또한 과거의 산업혁명 경우와 크게 다르지 않을 것이라고 전망하고 있다. 이들은 현재 커다란 우려의 목소리로 지적하는 일자리나 빈부격차의 문제는 이미 역사적으로 반복되는 현상에 지나지 않으며, 지금까지 우리가 경험한 바와 마찬가지로 비록 시간이 걸리기는 하지만 새 일자리가 생겨나면서 일자리 부족 문제가 해결될 것이라고 한다. 특히 일자리의 경우 역시 4차 산업혁명으로 창출되는 컴퓨터, 공학, 서비스업 분야의 일자리가 일자리를 잃는 사람들을 수용할 수 있을 것이라고 주장한다. 이들은 한 목소리로 우리의 삶을 더 편리하고 윤택하게 만들어주는 기술과 생산성의 향상이라는 방향성은 거스를 수 없다는 것을 강조한다.

그러나 우리를 두렵게 하는 것은 4차 산업혁명이 진행되면서 이전에는 기계가 넘볼 수 없는 전문가의 영역이라고 생각했던 직업까지 기계가 대체하게 되고, 과거처럼 인간 대다수에게 일자리를 줄 만큼 새로운 일자리가 생겨나지 않을 수 있다는 예측이 지배적이라는 점이다. 현재 자동화 영역은 매우 급속하게 늘어나고 있다. 로이터나 LA타임스 등 언론사에서는 이미 인공지능으로 속보 같은 간단한 기사를 작성하고 있고, IBM의 인공지능 왓슨 로봇 변호사는 사건 판례와 자료 등을 정리해주고 있다. 골드만삭스는 인공지능 프로그램 '켄쇼'를 도입해 금융시장 분석에 이용하고 있는 등 금융권의 '로보 어드바이저'도 상당 부분 확산되고 있는 추세다. 인간만의 영역으로 여겨지던 예술 분야 역시 마찬가지다. 음악과 미술 영역은 꽤 오래전부터 인공지능 창작이 이뤄지고 있으며, 일본 연구진들이 만든 AI는 단편소설을 출품해 1차 심사를 통과하기도 했다.

기계로 대체되어 직장을 잃은 사람은 기계의 보조적인 일을 하거나 재교육을 받아 새 일자리를 찾아야 한다. 그래야 자신과 가족을 부양할 수 있는 소득을 확보할 수 있기 때문이다. 적어도 지금까지 우리의 삶을 규정지었던 기존의 노동의 관념이 여전히 유지된다면 이러한 삶의 방식을 피할 수 없다. 그러나 과연 그것으로 충분할까? 기계 노동이 인간 노동을 완전하게 대체하게 되는 본격적인 포스트휴먼 사회에서는 오히려 포스트휴먼에게 다른 가능성이 열리는 것은 아닌가? 포스트휴먼 사회에서는 종속노동을 뜻하는 일자리가 오히려 자신의 인격 실현이라는 차원에서 자유노동의 의미를 가지게 되지는 않을까? 기계가 '노동의 종말'을 선언하는 포스트휴먼 사회에서는 더 이상 일자리에 연연할 것이 아니라, 오히려 생존을 위한 새로운 시스템을 구축하는 것이 필요하지 않은가? 이는 곧 포스트휴먼 사회에서 국가의 소득재분배 역할과 인간다운 삶의 보장이 강화되어야 한다는 것을 의미한다.

미래의 포스트휴먼 사회에서의 삶을 진지하게 고민한다면, 현재 진행되고 있는 자본과 기업이 주도하는 4차 산업혁명에 대해서도 그것이 과연 누구를 위한 것인가를 함께 물어야 한다. 이는 단순히 4차 산업혁명의 발목을 붙잡는 방식이 아니라, 그 속도를 조금 늦추더라도 모두에게 유익한 포스트휴먼 사회의 도래를 가능케 하는 사회적 논의를 요구한다. 노동의 종말을 수반하는 본격적인 포스트휴먼 사회가 도래하기 전까지는 모든 사람에게 최소한의 근로권을 보장하기 위해 새로운 사회적 대타협이 필요할 수도 있다. 이는 곧 노동의 차원에서도 4차 산업혁명의 여파를 진지하게 받아들일 준비가 필요하다는 것을 뜻한다. 이는 동시에 자본과 노동에 대한 기존의 관념을 넘어서는 사유를 요구한다. 우리의 삶을 근본적으로 변화시키는 4차 산업혁명은 이와 같이 우리에게 많은 것을 새롭게 사유하기를 요구하고 있다.

포스트휴먼 사회는 기본소득을 보장해야 한다

최근 노동 자동화에 따른 글로벌 기술 실업의 문제에 대한 해법으로 '기본소득'이 중요한 화두로 떠오르고 있다. 기본소득은 자산이나 소득, 경제 능력, 고용 상태와 무관하게 매달 일정 금액을 모든 국민에게 개별적으로 무조건 지급하는 소득을 말한다. 이 제도의 목적은 모든 국민이 최소한의 인간다운 생활을 누릴 수 있도록 국가가 보장하는 데 있다.

기본소득 논의는 결코 새로운 개념이 아니다. 하지만 기계가 인간노동을 대체하는 것이 불가피한 4차 산업혁명 시대에는 그 의미가 완전히 새로워진다. 기본소득의 아이디어는 토머스 모어의 《유토피아》에까지 거슬러 올라가며, 근대 이후 토머스 페인, 존 스튜어트 밀 등 여러 사상가들도 빈곤에 대한 해법의 하나로 이를 제시하였다. 많은 사람들은 이를 복지국가의 과도한 팽창으로 바라보기도 한다. 지금까지 기본소득을 둘러싼 논의는 좌우 이념논리에 따라 상이

한 방식으로 이해되고 있다. 그러나 실제 기본소득은 진보와 보수 양측이 모두 주장할 수 있는 개념이기도 하다.

놀랍게도 오늘날 신자유주의의 이론적 기초를 제공한 프리드리히 하이에크도 이 개념을 강력하게 옹호하고 있다. 《법, 입법 그리고 자유》에서 하이에크는 경제가 어려움에 빠졌을 경우 보호막을 제공할 정부정책으로 소득보장제도가 적절하다고 주장했다. 그는 전통적인 부양시스템에 의존할 수 없게 된 개방형 사회로 옮겨감에 따라 자연스럽게 이런 식의 안전망에 대한 필요가 발생했다고 본다. "일정 수준의 기본소득을 모든 사람에게 보장하는 일, 달리 말해 스스로를 부양할 능력을 잃어도 일정한 선 이하로 생활수준이 떨어지지 않게 해주는 일, 이는 단순히 모든 사람을 위한 보호 차원을 떠나 위대한 사회의 한 요소로서 반드시 필요하다. 위대한 사회는 자신이 태어난 사회의 특정 집단에 대해 개인이 스스로의 문제 해결을 위해 이것저것 요구할 필요가 없는 사회다."

그가 생각하는 '위대한 사회'란 어떤 사회를 말하는가? 하이에크는 개인의 자유, 시장 원리, 법의 지배, 작은 정부 등에 기반한 사회를 이상적으로 생각했다. 그의 '위대한 사회'는 일정 수준의 부에 도달해서 모두를 부양할 능력이 있는 사회에서 그 일단을 볼 수 있을 것이다. 이는 요즘 보수주의자의 시각과는 매우 다른 모습을 띠고 있다. 하이에크는 또 이러한 소득보장이 평등 또는 정당한 분배 등과는 아무런 관계가 없다고 말하고 있다. "스스로를 부양할 능력이 없는 사람 모두를 위한 균일 최저소득을 확보하려는 노력이 소득의 '정당한' 분배라는 전혀 판이한 목표와 동일시되는 현상이 매우 안

타깝다."

이는 효율적인 사회경제적 기능으로서 어려움을 당한 사람들에 대한 보험과 같은 장치로서 이해된다. 하이에크는 기본적으로 현실주의자다. 그는 사회의 본질이 변하고 있음을 파악했다. 사람들은 대부분 자급자족이 가능한 농지를 떠나 직업이 있어야만 살 수 있는 도시로 옮겨갔고, 대가족제도는 붕괴하기 시작했다. 이는 개인이 더 큰 리스크를 떠맡아야 하는 결과를 야기한다. 하이에크는 정부가 이런 리스크에 대한 보험에 도움을 주어야 한다고 생각한 것이다. 시대가 변함에 따라 정부의 역할이 바뀔 수 있다는 견해는 오늘날 우리가 당면한 포스트휴먼 사회에도 얼마든지 적용할 수 있다.

기본소득과 관련하여 한 가지 흥미로운 사실은, 실리콘밸리 기업들이 그 어떤 집단보다 열렬하게 기본소득의 도입을 설파하고 있다는 것이다. 실리콘밸리가 정보통신 기술을 매개한 자본주의 진화의 주요 근거지임을 고려한다면, 이들의 기본소득 제안은 최소 수준에서 실업수당을 보존하는 선에서, 인공지능 기술의 전면화로 인한 기술 실업을 우리가 미래 현실에서 참을 만한 것이자 노동자들의 큰 저항 없이 용인 받으려는 선제적인 제스처로 볼 수 있다. 이들의 기본소득 주장은 일종의 노동의 종말 이후 생존배당 같은 느낌으로 다가온다. 그러나 포스트휴먼 사회에서 보장되는 기본소득은 더 근본적인 차원과 관련된다. 그것은 노동의 종말과 자본의 의미 변화를 전제로 하기 때문이다. 노동의 종말을 선언하는 포스트휴먼 사회에서 포스트휴먼의 삶을 유지하기 위해 기본소득은 필요불가결한 구성요소를 이룬다.

4차 산업혁명의 초연결 사회는 대부분의 세계 인구가 스마트기기를 갖고 일상생활 속에서 수행하는 빅데이터 활동에 기반해 이윤을 창출한다. 우리가 일상생활 속에서 끝없이 만들어내는 '데이터 부스러기' 활동이 기업의 수익원이 되는 이러한 새로운 빅데이터 시대는 다종다양한 플랫폼에서 수행하는 일반 대중의 데이터 노동과 데이터 생산을 전제로 하고 있다. 여기에서 발생하는 문제는, 실제로는 일반 대중이 엄청난 양의 데이터를 산출해내고 있지만 정작 그들 자신은 아무것도 자신의 수익으로 귀속시키지 못하고, 이 엄청난 데이터가 플랫폼 업자에게 고스란히 재전유됨으로써 데이터 결과물에 대한 사회적 보상이 이루어지지 않는다는 데 있다.

구글의 자동번역은 수많은 사람들이 번역한 문서들을 축적함으로써 가능해진 것이다. 또 과거에 바둑을 둔 수많은 사람들, 과거에 책을 쓰고 번역한 수많은 사람들, 현재 인터넷을 검색하는 수많은 사람들이 모두 인공지능을 만드는 데 기여하고 있는 것이다. 결국 우리는 인공지능의 결과물에 대한 일정한 지분을 가지고 있는 셈이고, 이에 대한 우리의 권리를 주장할 수 있을 것이다. 포스트휴먼 사회에서 기본소득의 도입 근거는 바로 이러한 초연결성에서 찾을 수 있다. 자발적으로 온라인 잉여 활동을 수행하는 무수한 일반 대중의 대가없는 자유노동에 대한 적절한 사회적 보상이 마련될 필요가 있다. 무수한 일반 대중의 데이터 생산 활동에 대해 직접 찾아다니며 그 대가를 지불하기는 쉽지 않다. 정부가 나서서 시민들이 매일매일 수행하는 온라인 혹은 모바일 데이터 노동 결과물에 대한 사회적 보상안을 마련하고, 이를 기본소득으로 책정해 지급하는 일을 고민하는 것이 필요하다.

이처럼 원론적인 차원에서 기본소득의 도입을 찬성한다고 해도, 현실에서 실제로 기본소득을 도입하는 것은 그리 쉬운 일이 아니다. 먼저 기본소득의 책정 범위가 문제된다. 현존하는 사회복지의 재원을 대체하는 수준에서 기본소득이 책정된다면, 그것은 그저 생색내기이자 단순히 경기부양 효과에 그칠 공산이 크다. 제대로 된 기본소득의 도입이 현실화되려면, 인간다운 삶을 영위하기에 실질적으로 충분한 수준의 조건 없는 기본소득을 지급하는 것이 필요하다. 그럴 때에만 '노동의 종말' 이후 더 이상 종속노동이 아닌 형태로 포스트휴먼이 자신의 인격을 실현하기 위한 자율적인 '일'을 찾을 수 있기 때문이다.

기계가 인간 노동을 완전히 대체하는 본격적인 포스트휴먼 사회가 도래하면, 충분한 생산이 보장되면서도 포스트휴먼의 종속노동은 사라지게 될 것이고 포스트휴먼의 존엄을 보장하는 기본소득이 보장될 것이다. 그렇지만 그 과도기에 해당하는 이행과정에는 이런 기본소득의 재원을 어디서 마련할 것인가 하는 문제도 매우 중요하다. 현재 다양한 실험을 거치고 있는 기본소득 논의도 대부분 이러한 문제에 집중하고 있다. 노동자 자신의 고용 수입에 대한 기존 세금으로부터 이를 걷어 다시 그들에게 재분배하는 것은 부정적이고 퇴행적인 방식이다. 오히려 부자 누진세로부터 공통의 재원을 마련하고, 보다 직접적으로는 기술 실업에 상당수 책임을 지닌 첨단기업들에서 로봇세 혹은 자동화세를 거두는 것도 생각해봐야 할 것이다. 로봇세와 자동화세는 기업에서 먼저 제시하는 방안이라는 점도 주목할 만하다.

4차 산업혁명의 기술혁신이 결국 미숙련 일자리 감소와 이에 따른 사회적 불평등을 증가시킬 것은 부정할 수 없는 현실이다. 현재 우리의 눈앞에 닥친 문제는 4차 산업혁명이 일자리를 없애는 것뿐만 아니라, 일자리를 불안정하게 만들고 있다는 점이다. 인구 대다수가 불안정 근로자인 상태에서 이들의 삶과 생존을 보장하는 기본소득을 지급하는 것은 이제 시급한 문제가 되고 있다.

기본소득은 모든 사람에게 아무런 조건 없이 최소한의 생활을 할 수 있는 토대를 제공한다. 이는 인공지능이 가져올 소용돌이 속에서 사람들이 살아갈 길을 찾는 기회를 마련하고, 극심한 양극화로 사회가 붕괴되는 것을 막아줄 것이다. 최근 핀란드와 네덜란드에서 기본소득에 대한 실험을 추진하는 까닭도 여기에 있다. 우리 사회에서도 녹색당과 기본소득한국네트워크 등에서 기본소득을 새로운 대안으로 제시하고 있다. 4차 산업혁명의 사회적 결과를 복지제도 강화로만 해결할 수 없다면, 기본소득은 그 대안으로 앞으로 더욱 주목받을 가능성이 높다.

포스트휴먼 사회에서 우리가 생각할 수 있는 경제와 삶의 방식은 다음과 같은 형태가 될 것이다. 물질과 상품의 생산은 대부분 기계와 로봇이 담당하고, 사람들은 노동으로부터 해방되어 기본소득을 받으면서 생활에 필요한 상품을 구입하고 자신이 하고 싶은 일과 인격 실현에 힘쓴다. 국가에서 제공되는 기본소득으로 기계와 로봇이 만든 물질과 상품을 소비하고, 노동으로부터 해방됨으로써 늘어난 여유시간을 문화생활 등에 쏟는다. 포스트휴먼 사회에서 기본소득은 포스트휴먼의 존엄을 보장하는 모든 사람의 권리가 되고, 사람들의 생존과 안정을 보장하여 사회 붕괴를 막고 경제를 지속가능하게 만드는 핵심적인 제도가 될 것이다.

포스트휴먼 사회는 인간과 기술 간 관계의 재정립을 요구한다

　　　　　　미래에 인간이 더 이상 일하지 않고 기계가 생산하는 것을 소비하며 살아갈 수 있다고 한다면, 인간의 삶에 필요한 기본적인 문제는 어느 정도 해결될 것이다. 그러나 4차 산업혁명이 수반하는 포스트휴먼 사회에서 우리가 인간다운 삶을 영위할 수 있는 가능성은 이것만으로는 충분하지 않다. 기본소득은 단지 인간다운 삶을 위한 필요조건일 뿐이다. 과학기술의 발전으로 인간은 노역과 고통에서 해방되고 생로병사에서 어느 정도 자유로워질 것이다. 그러나 그만큼 인간은 과학기술에 의존하게 될 것이다. 과학기술 사회에서 인간은 이전보다 더 크게 의존하게 되는 이러한 비인간 기계와 어떠한 관계에 놓이는가? 포스트휴먼 사회에서 인간과 기술의 관계는 어떻게 정립되어야 하는가?

　이 물음은 포스트휴먼 사회를 위한 새로운 철학의 가능성을 찾는 작업에 속한다. 우리는 인간중심주의에 빠지지 않고 동시에 과학기술주의에도 빠지지 않는 균형 잡힌 포스트휴머니즘의 철학을 마련할 수 있는가? 휴먼만의 독선적인 인간존엄이 아니라 인간과 비인간이 함께 존엄성을 인정받을 수 있는 포스트휴먼적 인간존엄의 가능성은 어떻게 확보되는가?

우리는 포스트휴먼 사회의 새로운 철학적 사유로서, 1장에서도 언급된 질베르 시몽동의 기술철학에서 하나의 가능성을 찾을 수 있을 것이다. 인간과 기술의 관계에 대한 새로운 시각, 그리고 기술에 근거한 새로운 휴머니즘의 창출에 대해 시몽동만큼 풍부한 영감과 적합한 개념 도구들을 제공하는 철학자는 드물기 때문이다.

시몽동은 철학사에서 주변부에 놓여있던 기술을 철학적 사유의 전면에 배치하고 있다. 하이데거, 엘륄 등의 철학자는 인간 본성과 인간문화에 과학기술을 대립시키며 기술발전에 대해 비판적인 태도를 취하고 있지만, 시몽동은 오히려 기계들과 공존하는 인간의 삶을 긍정하며, 기술적 대상들의 존재 가치에 대한 의식화와 기계해방을 촉구하고 있다. 그는 기술에 대한 우리의 의식을 전면적으로 재정립하고자 한다.

시몽동은 이렇게 묻는다. 기술이 과연 자연으로부터 또는 근원적 존재로부터 인간을 소외시키고 인간의 비인간화를 촉진하는가? 이에 대한 시몽동은 대답은 이렇다. 기술발달이 야기한다고 간주하는 인간소외의 여러 문제들은 사실 기술적 대상들의 존재방식에 대한 잘못된 이해와 이에 근거한 기술적 대상들과의 부적합한 관계방식에서 비롯한다. 그러니까 인간과 비인간의 관계방식에 대한 잘못된 이해가 오늘날 팽배해 있음을 지적하고, 인간과 비인간의 관계방식에서 인정이론적 구조를 세우고자 한다.

알파고와 이세돌의 바둑 대결을 바라보면서 대부분의 사람들이 성큼 다가온 인공지능의 위협을 걱정하지만, 휴머니즘의 위기는 사실 기술 자체로부터 오는 것이 아니다. 인간이 기술을 바라보는 관점과 태도, 인간과 기술의 관계방식이 문제다. 언젠가는 인간의 능력을 뛰어넘는 탁월한 기계들이 인간을 지배할지도 모른다는 두려움과 공상과학적 상상력도 모두 이러한 기술적 대상들의 존재방식에 대한 잘못된 이해에서 나온다.

시몽동은 인간중심적 유용성과 정치경제적 이해관계를 걷어내고 기술 그 자체의 관점에서 기술적 대상 고유의 존재방식을 파악하고자 하며, 이를 통해 인간과 기술적 대상 사이에 주인과 노예의 관계가 아닌 상호 협력적 공진화의 적합한 관계방식을 정립하고자 한다. 그는 기술이야말로 인간을 소외시키는 것이 아니라, 인간과 자연의 관계를 매개하고, 인간과 인간의 관계를 매개하는 진정한 소통의 역량이라고 역설한다. 그는 특히 인간을 본성상 다른 존재자들보다 특권화하고 기술을 사용도구 보철물로 환원시키는 인간중심주의를 비판하고, 동시에 생태주의적 기술공포증이나 테크노크라트적 기술만능주의의 양 극단도 비판한다. 그는 '기술과 인간의 균형과 조화'를 강조한다.

시몽동의 기술철학은 기술사나 문명사에 따른 단순한 인류학적 분석이 아니다. 그것은 반실체론적이고 관계론적인 독특한 개체화론과 발생적 생성의 존재론을 토대로 하고 있다. 기술적 대상들과 인간 생명체 및 사회문화와의 관계는 자연 전체의 역동적인 생성과 변화의 존재방식 안에서 고찰된다. '정보'와 '변환'이라는 독창적인 개념들에 의거하여 발명과 기술적 활동의 혁명적 정치역량이 강조되고, 이를 은폐하는 낡은 노동 패러다임을 과감하게 비판한다. 기존의 사회적 질서를 가로지르는 새로운 집단화의 가능성은 기술적 대상들의 매개를 통해 개방된다. 이와 같이 시몽동의 기술철학은 정보 네트워크 시대에 걸맞은 문화의 혁신과 사회적 진화에 대해 중요한 통찰을 제공하며, 인간과 기술의 관계에 대해 낙관론도 비관론도 아닌 제3의 사유가 어떻게 가능한지 보여준다.

시몽동의 기술철학이 가지는 또 다른 중요성은 기술을 새로운 휴머니즘의 가능성으로 적극 사유한다는 점이다. 그는 인간적 실재의 소외와 이를 회복하려는 휴머니즘 운동은 기술의 발달에 상응하여 역사적 시기마다 새로운 방식으로 전개되어야 한다고 본다. 오늘날 정보기술과 유전공학, 나노공학, 로봇공학 등은 매우 강력한 주체화의 조건으로 부상했다. 한편으로 이것은 자연적인 것과 인공적인 것을 하나의 시스템으로 결합시키는 사이보그화 작업을 통해서 물리생물학적 인간의 탈인간화를 가속화하고 있다. 다른 한편으로 이것은 과잉 접속과 유사한 관계를 맺음으로써 SNS 피로감을 생산하며 탈개체화되고 파편화된 인간들을 양산하고 있다. 인간의 절대적 본성과 자유주의적 휴머니즘에 대한 환상이 깨진 이후, 새로운 인간의 형태와 대안적 삶의 양식을 과연 어떻게 발명해야 하는가? 포스트휴먼 시대에 상응하는 휴머니즘은 과연 어떤 소외를 극복하는 형태여야 하는가?

시몽동에 따르면 개체와 환경은 어느 한쪽으로 환원불가능한 차이와 불일치의 간격을 유지하는 한에서 상호 협력적으로 공존할 수 있다. 기술적 대상들은 이미 인간의 삶을 구성하는 근본적인 환경이다. 정보 네트워크와 분리된 현대인의 삶은 불가능하다. 인간과 기술적 대상들은 서로에게 서로의 존재를 위한 환경적 조건으로 기능하면서 불가분하게 관계를 맺고 있다. 인간은 기술적 대상들과 또 기술적 대상들은 인간과 서로 역량을 주고받으며 공존한다. 인간의 기계화나 기계의 인간화로 단순하게 설명할 수 없는 인간과 기계 사이의 변환적 앙상블이야말로 포스트휴먼의 형상일지도 모른다. 새로운 휴머니즘은 기술적 대상들 안에서 인간적 실재와 자연의 잠재성을 발견하고, 이를 매개로 인간과 인간 사이에 정서적 연대의 개체초월적 집단을 형성하는 것에서 찾을 수 있을 것이다. 이와 같이 시몽동의 주장은 오늘날 기술과 더불어 가속화된 휴머니즘의 위기를 새로운 휴머니즘의 발명으로 전환하고 인간과 기술이 공생하는 포스트휴먼 사회의 청사진을 그리는 데 도움을 줄 수 있다. 이는 우리가 찾고자 하는 포스트휴먼 사회에서 인간존엄과 인간다운 삶의 가능성을 열어주는 철학을 제공한다.

포스트휴먼의 존엄 문제와
인간과 기계가 공생하는 사회

오늘날 우리는 좋든 싫든 이미 포스트휴먼의 시대에 접어들고 있음을 부정할 수 없다. 지금까지 당연하게 받아들이던 '휴먼'이라는 이름의 특수한 구성물이 인간과 비인간의 결합 양태를 띠는 '포스트휴먼'이라는 다른 구성물에 자리를 내주고 있다. 그에 따라 전통적인 휴머니즘이 상정하고 있는 이성적이고 자율적인 주체라는 초역사적이고 추상적인 인간 본성 개념은 오늘날 더 이상 유지되기 어렵다. 또 전통적인 휴머니즘은 인간을 주체로 놓고 인간이 아닌 비인간적인 것들, 즉 자연, 사물, 기계 등의 존재를 객체로 인식하는 차별적인 이분법을 추구한다.

포스트휴먼의 관점에서 인간의 본성은 다름 아닌 문화적 역사적 인공물이다. 그것은 하나의 윤리적이고 규범적인 개념이며 보편적 인간됨에 대한 상상물이다. 《포스트휴머니즘》이란 책의 저자 슈테판 헤어브레히터는 이렇게 말한다. "이런 애매한 본성을 옹호하는 것은 더 이상 중요하지 않다. 중요한 것은 오히려 인간의 본성을 비판적으로 연구하는 것이고, 심지어 초월적이고 인간중심주의적인 기존의 태도를 완전히 몰아내는 것이며, 인간의 본질은 본래 무엇인가라는 질문을 완전히 달리 제기하는 것이다."

더욱이 과학기술의 발달로 인해 인간과 비인간의 경계가 사라지면서 인간과 비인간이라는 경계짓기는 더 이상 유지하기 어렵게 되었다. 특히 종전의 인간중심적 관념은 인간 종족중심주의 이데올로기로서 비판의 대상으로 전락하고 있다. 미셸 푸코가 선언한 '인간의 죽음'에 관한 담론에서 알 수 있듯이 '인간'이라는 연구대상의 역사화는 전통적인 '휴머니즘'이라는 틀을 파괴하고 있다. 점차 로보 사피엔스, 사이보그, 트랜스휴먼, 인공지능 등의 등장으로 호모 사피엔스라는 특징이 사라지고 있다. 그러나 이러한 발전 과정에 숨어 있는 기회와 위험의 양가성을 비판적으로 관찰하고 맥락화하며 역사화하는 동시에 해체하는 것이 중요하다.

현대 사회가 점차 포스트휴먼 사회로 접어들면서 인간존엄 개념의 유효성이 다시 성찰의 대상으로 부각되고 있다. 포스트휴머니즘은 기본적으로 전통 휴머니즘에 대한 비판을 통해 인간과 비인간의 이분법적인 구분을 넘어서고자 한다. 인간과 기계의 결합이 강화된 사이보그적 혼종인 포스트휴먼의 등장이 가시화되면서 포스트휴머니즘은 인간의 정체성에 질문을 제기한다. 포스트휴머니즘의 논의에서 전통적인 인간중심주의는 비판의 중심에 서게 된다. 이는 필연적으로 현대법의 기초 개념을 이루는 '인간존엄'에 대해서도 도전장을 내민다. '자연존엄' 또는 '모든 피조물의 존엄' 등의 개념이 법적 논의에서도 자주 나타나고 있는 것도 이러한 현상과 무관하지 않다. 이제는 포스트휴먼의 존엄이 새롭게 진지하게 사유되어야 한다.

미래사회의 과학기술은 그 자체만으로는 포스트휴먼의 행복과 삶의 존엄성을 보장할 수 없다. 사람들은 공동체 안에서 살아가기 때문에, 사회 안에서 개인의 성공만큼이나 구성원들과의 소통을 통해 삶의 가치를 발견하게 된다. 서로 인정하고 인정받는 공동체 문화는 사회의 지속가능성을 높이는 핵심 요소다. 삶을 더 건강하고 쾌적하게 하기 위한 과학기술의 지향점은 공동체의 지속가능성 안에서 규정될 필요가 있다. 고도로 발전한 과학기술 사회일수록 삶의 가치를 재조명하는 것이 필요하다.

오늘날 반려견이나 반려펫이 보편화되어 있다. 4차 산업혁명이 진전되면서 반려봇이 점차 반려펫의 자리를 대체할 수도 있고, 모든 가정에는 도우미 로봇이 하나씩은 있게 될 것이다. 아니면 영화 〈그녀〉에서처럼 인생의 동반자로서 인공지능이 역할을 할 수도 있을 것이다. 또 영화 〈바이센테니얼맨〉에서와 같이 인공지능 로봇이

지능뿐 아니라 감정에서도 인간과 같아지는 기술적 특이점이 올 수도 있다. 인간이 인공지능과 가정을 꾸리고 가상현실의 세계에서 함께 살아가는 세상이 가능할 수도 있다. 우리는 인간 가정의 소멸을 안타까워 할 수도 있겠지만, 이는 오히려 가정이 사라지는 것이 아니라 포스트휴먼 사회에 맞게 가정이 재구성되는 것으로도 볼 수 있다.

또 인간과 대화하고 공감하는 인공지능이 개발된다면, '나는 왜 존재하는가'라는 질문에 빠질 수 있는 존재가 인간만이 아니게 될 것이다. 현재의 알파고와 같이 인공지능의 존재목적이 특정한 문제의 해결에만 국한된다면, 이러한 인공지능의 자율성은 충분히 통제될 수 있고 인공지능의 정체성 혼란은 커다란 걱정거리가 되지 않는다. 그러나 인공지능의 발전이 급속히 진전되어 인공지능이 자신의 존재목적을 재규정하거나 스스로 자유롭게 자신의 존재목적을 설정하고 인간사에 대해 간섭할 수 있게 된다면, 인류는 영화 〈터미네이터〉에서와 같이 대재앙에 직면하게 될 수도 있다. 이런 문제들도 분명 우리가 풀어야 할 과제에 속한다. 그러나 그것은 아직 먼 미래의 문제다.

우리는 어쩌면 한없이 낙관적인 미래사회의 모습을 그려볼 수도 있다. 어쩌면 폴 라파르그가 주장하던 '게으를 권리'가 실현될 수도 있을 것이다. 인공지능과 로봇에 의한 생산으로 인간 모두가 적게 일하고, 재생 가능한 대체에너지 개발로 모두가 인간다운 생활을 할 수 있는 지속가능한 사회의 창조가 가능할 수도 있다. 지구촌이 기계와 인간이 공존하는 초연결 사회로 발전해가면서 이를 관리하는 지구정부가 설립되고, 인간의 지구적 한계를 극복하기 위해 우주 진출이라는 공동의 목표를 추구하는 세계적 시스템이 구축된다면, 이는 우리가 꿈꾸던 인류의 유토피아가 아닌가? 그러나 그 모든 것이 현실에서 실제로 가능하려면 먼저 인간과 기계가 공생하는 사회라는 선결조건부터 갖춰야 할 것이다. 그것이 바로 포스트휴먼 사회에서 우리가 취할 수 있는 삶의 태도일 것이다.

포스트휴먼 사회는 과연 살 만한 세상인가? 그것은 결국 우리가 어떠한 포스트휴먼 사회를 바라는가, 그리고 우리가 원하는 미래사회를 위해 현재의 우리가 무엇을 행하는가에 달려있다.

지구에는 포스트휴먼이 산다

초판 1쇄 발행 | 2017년 8월 23일

지은이 | 몸문화연구소
펴낸이 | 이은성
편 집 | 문화주
디자인 | 백지선
펴낸곳 | 필로소픽

주 소 | 서울시 동작구 상도동 206 가동 1층
전 화 | (02) 883-3495
팩 스 | (02) 883-3496
이메일 | philosophik@hanmail.net
등록번호 | 제 379-2006-000010호

ISBN 979-11-5783-088-6 03300

필로소픽은 푸른커뮤니케이션의 출판 브랜드입니다.

이 도서의 국립중앙도서관 출판시도서목록(CIP)은 서지정보유통지원시스템 홈페이지(seoji.nl.go.kr)와
국가자료공동목록시스템(www.nl.go.kr/kolisnet)에서 이용하실 수 있습니다. (CIP제어번호: CIP2017019491)